本书编委会（按照姓氏拼音顺序排列）

主　编：李宇宁　任羽中
副主编：王　健
编　委：曹金龙　陈　丹　陈　威　杜津威
　　　　贾竑扬　李存峰　唐伽拉　佟　萌
　　　　吴　旭　吴雅文　袁　远　张　莹

创业路上，
遇见最好的自己
北大创业案例集

李宇宁 任羽中 ◎ 主编

北京大学出版社
PEKING UNIVERSITY PRESS

图书在版编目（CIP）数据

创业路上，遇见最好的自己：北大创业案例集/李宇宁，任羽中主编．—北京：北京大学出版社，2017.10

ISBN 978-7-301-28851-1

Ⅰ.①创⋯　Ⅱ.①李⋯　②任⋯　Ⅲ.①企业管理—案例—中国　Ⅳ.①F279.23

中国版本图书馆 CIP 数据核字（2017）第 249689 号

书　　　名	创业路上，遇见最好的自己：北大创业案例集 CHUANGYE LU SHANG, YUJIAN ZUI HAO DE ZIJI: BEIDA CHUANGYE ANLI JI
著作责任者	李宇宁　任羽中　主编
责任编辑	泮颖雯
特约编辑	曹金龙
标准书号	ISBN 978-7-301-28851-1
出版发行	北京大学出版社
地　　　址	北京市海淀区成府路 205 号　100871
网　　　址	http://www.pup.cn　新浪微博：@北京大学出版社
微信公众号	科学与艺术之声　（微信号：sartspku）
电子信箱	zyl@pup.pku.edu.cn
电　　　话	邮购部 62752015　发行部 62750672　编辑部 62767857
印　刷　者	三河市北燕印装有限公司
经　销　者	新华书店
	720 毫米×1040 毫米　16 开本　15.25 印张　180 千字 2017 年 10 月第 1 版　2017 年 10 月第 1 次印刷
定　　　价	45.00 元

未经许可，不得以任何方式复制或抄袭本书之部分或全部内容。
版权所有，侵权必究
举报电话：010-62752024　电子信箱：fd@pup.pku.edu.cn
图书如有印装质量问题，请与出版部联系，电话：010-62756370

导言:"大众创业、万众创新"的局面何以形成?

北京大学法学院教授 吴志攀

一、当前我国青年创业的基本状况以及简单的横向、纵向比较

最近一个时期,青年创业成为中国经济发展中的一个热点,相较于某些传统产业和传统商业模式的停滞、衰退,青年创业更被认为是推动经济持续增长、促进就业与消费、激发社会活力的"新引擎"。当然,青年创业并不是"新鲜事物"。改革开放三十多年来,我们起码观察到过两波创业浪潮,20世纪80年代初的"个体户"与90年代初的"下海热",其本质与今天的创业并没有区别,都是中国市场经济发展不同阶段的产物。但与此前的两次浪潮相比,今天创业的主体更加年轻化,主要为"80后""90后"接受了完整高等教育的青年一代,创业的模式、路径、规模以及成效也显著变化。

青年创业实际上是世界性的现象。根据一项20世纪90年代初期的研究,美国到20世纪80年代末期,自1947年至1964年出生的青年一代已达7700万人,占到美国总人口的三分之一,他们是美国经济发展创新的主要推动力。从接受高等教育的情况看,这一代人中的佼佼者,普遍选择

了企业管理、商学研究等与实际创业紧密相关的领域,"在美国,商学院为进入到其他职业分放通用的入门证"①。这一代青年的择业观也与他们的先辈不同,倾向于接受小企业的挑战风险,而非发展前景稳定、优渥的大企业。比如,在 90 年代初期,哈佛大学商学院拿到硕士学位的毕业生有 1/3 以上都放弃了进入大企业的机会,选择了具有风险且创业氛围浓厚的小企业。

最近二十年来,青年创业在美国长盛不衰。1996 年,美国的全部企业之中,有 11% 是 25 岁以下的青年人创办的,而 1997 年新开张的就有 130 万家②。青年创业明星在美国层出不穷,比如社交网络 Facebook 的创办者马克·扎克伯格,在公司上线时年仅 20 岁,至今其财富已经达到了 351 亿美元,高居 2015 年福布斯富豪榜的第 16 位。

中国大陆的青年创业虽然起步要晚一些,但发展速度越来越快,对整个经济社会发展的影响也越来越大。2008—2013 这六年间,全国创业投资的年平均投资额达到了 54.6 亿美元,案例平均达到了 745 个③,创业者的主体和美国一样,都是接受了良好高等教育的青年人,而且创业的空间也高度集中在北京、上海等一线大城市(美国则比较集中于硅谷等地)。同时,我在北京地区观察到的几乎所有的成功创业,都与互联网以及互联网金融有着密切联系。由于职业原因,我更多地接触到"北大校友"这样一个充满活力的创业群体,他们所创办的企业如青青树、拉卡拉、

---

① 鲁兴启. 美国青年创业家的崛起 [J]. 研究与发展管理,1993 (4):73—75.
② 恕非. 美国青年,创新多多 [J]. 21世纪,2002 (8).
③ 根据前瞻产业研究院对 2008—2013 年间中国创业投资市场投资规模统计整理,http://bg.qianzhan.com/report/detail/300/140711-8cc9d701.html,检索时间:2015 年 3 月 18 日。

人人贷、时趣互动、车库咖啡、1898咖啡、伏牛堂等,都已经受到全社会的广泛关注,并且纷纷成为其他创业者的模仿和超越的对象。

二、中国青年创业的主要特点——以部分北大校友创业者为例

我和我的学生们访问了北京地区几乎所有由北大校友创办的小微企业,对这些青年创业者进行了访谈,并研究了他们的案例。我认为,这些案例具有以下特点:创业者和创业团队年轻化、教育背景与创业领域之间跨度较大、广泛使用互联网技术并与互联网平台紧密结合、借鉴国外成熟商业模式但也善于"中国化"并能提出新颖创意等。

1. 创业者及其团队越来越年轻化,富有创造力和想象力

表1包括了七个渐成规模的创业品牌。

表1 中国部分青年创业者年龄及专业

公司名称	行业	创办者	创办时年龄	所学专业
青青树	动漫	王川、武寒青	28	中文系
拉卡拉	信贷	孙陶然	36	经济学
人人贷	信贷	李欣贺/杨一夫/张适时	25	数学、管理
时趣互动	营销与社交	张锐	30	法律
车库咖啡	孵化器	苏菂	32	电子信息
西少爷肉夹馍	餐饮	孟兵	24	自动化
伏牛堂牛肉米粉	餐饮	张天一	24	法律

我们可以发现,这些创业者都十分年轻。其中年龄最大的是拉卡拉的老板孙陶然,创办拉卡拉时36岁,但这已经是孙陶然数次创业中的最近一次,如果要追溯他第一次创

办的《电脑时代周刊》，那时年仅26岁。表格中所列的孟兵和张天一创业成功之时都年仅24岁，而且这甚至也都不是他们的第一次创业。

我们来看具体的案例：

案例一

人人贷公司的创办人李欣贺和杨一夫是北大数学系校友，张适时是清华经管学院校友。他们三人创办人人贷，现已发展成为国内互联网金融领域小贷业务中的佼佼者。2014年他们公司贷款额40多亿人民币左右，均采用自主研发的个人征信模型评价信用与贷款，风险率比国有商业银行还低，经营成本更低。

案例二

北京新开张的"伏牛堂"湖南牛肉米粉快餐店被多家媒体报道。创办人张天一，北大法学院硕士毕业。我曾是他的硕士指导教师。他学了六年法律，拿到了律师资格，外语也很好，但毕业以后却没有当律师，而是先回老家学做常德牛肉米粉，然后回到北京，借助天使投资，用半年多的时间，就在朝阳区开了三家分店，而且还都能赚钱。许多媒体都惊叹，北大硕士卖起了米粉，可他却认为这样踏实。

这些年轻人都曾在北大读本科或者研究生，如果不选择创业，他们毕业之后也肯定可以在社会上找到一份体面的工作。但是，他们并没有选择进入"体制内"或者大公司，对风险的承受能力极强。

前面我已经提到，最近三十年曾经出现过至少两次创业热潮，但此前的创业者鲜有大学毕业生，更不用说名牌大学毕业生。假如我们研究著名的"温州模式"[①]和"苏南模式"[②]，那么会发现，那些选择风险更大的创业的人，往往没有受到过高等教育，此外，他们对家族、对村社集体的依赖十分明显，也就是说，这样的创业植根于"乡土中国"，而且浙江、苏南这些地区的经商传统已经延续了很长一个历史时期。但是，当前这些思想活跃、创意无穷的高学历青年，不再有上述的背景，他们的根在大城市，在一个前所未有的"都市中国"。这样的青年创业，既是社会潮流的产物，也推动了社会观念的转变。今天大学生的就业热点已经发生转变，过去的"公务员热"和"央企热"正在被"创业热"所取代，这应该被视作中国经济发展新活力的希望所在。

2. 商业模式都与互联网技术、互联网平台紧密结合

仍然回到前面的表 1，我们可以发现这些青年创业者所涉足的领域有一个明显的共性，即以互联网为基础来发展业务。无论是实体店面的经营，还是推动线下交易的创意、构思，都以互联网作为基础和支撑。拉卡拉和人人贷公司自不必说，就连传统的餐馆经营也完全无法离开互联网。

案例三

伏牛堂的主要创始人张天一告诉我说："在北京，大约有 30 万湖南人，借助微信圈，可以让其中 0.1% 的人找到

[①] 可参阅史晋川，朱康对. 温州模式研究：回顾与展望 [J]. 浙江社会科学，2002（3）：5—17.

[②] 可参阅董晓宇. "苏南模式"的理论和实践 30 年回顾 [J]. 现代经济探讨，2008（8）：19—24.

店里来吃牛肉粉，再增多，我们就服务不过来了。张天一还表示，他最不喜欢的是别人叫他是卖米粉的，他要做的是京城湖南人的湘楚文化圈。这一点与"黄太吉"煎饼有着异曲同工之处，"黄太吉"的创办人对外宣称，他们不是做餐饮的，而是一家互联网企业。他们都认为自己在做的实体餐饮实质上是在建构一种互联网的销售模式。

案例四

张锐曾经是广东省的高考文科"状元"，从北大获得硕士学位之后，他先到了摩根斯坦利工作，但很快就放弃百万年薪，从伦敦回到北京创业，他最早创立的企业叫"魔时网"，大致可以说是一个以推广各类文娱活动为特色的社交网站。随着微博、微信的兴起，他又找到了新的商机，创立了"时趣互动"并迅速发展壮大起来。他认为，互联网正在改变企业与消费者的关系，而基于互联网的企业与消费者的关系维护，本身就是一个新课题。因为越来越多的消费者在上网，使用智能手机，他们每天无数次习惯性刷屏。越来越多的信息、图像和声音通过移动社交网络传播给消费者，因此，移动社交网络，无论是微博，还是微信，都可以附加图像、声音和视频。只要在最后加上一个二维码，就是一个营销活动。对这些海量的信息数据，如果加以整理分析，就是一个有商业价值的工作，也是企业的需求。那些互联网巨头搭建了这样的平台，但它们本身并不开展这种服务，这就给中小型的互联网服务型企业留出了空间。张锐要做的，就是为各种企业提供完全基于互联网的消费者关系维护与营销服务。

从这些案例，我们很容易理解为什么这些创业者都会不约而同地说自己是在创办"互联网企业"。他们确实是在做O2O营销模式——"一种将线下交易与互联网结合在一起的新的商务模式，即网上商城通过打折、提供信息、服务等方式，把线下商店的消息推送给线上用户，用户在获取相关信息之后可以在线完成下单、支付等流程，之后再凭借订单凭证等去线下商家提取商品或享受服务"①。这一模式需要有实体店终端消费、互联网推送消息、在线支付等特点，而这一特点又与当前我国互联网技术的飞速发展和普及密不可分。

这些紧跟潮流的青年人，在创业之初就将自己的事业与互联网密切结合起来，从而进入了巨大的移动用户消费市场。据有关统计，截止到2014年，中国已经有超过10亿的手机用户，其中有近5亿手机网民②。而快递网络的发展，使得店面的规模也许不再重要，重要的是快递完成的时间。在互联网社会，线下"关系网"和线上的"微信群"，分享互联网平台上中国式"熟人社会"的信任。而这种信任的评价，由微信群中的人气点赞，拓展了线下的面子与口碑。通过O2O"去中介化"和"反垄断"，使原来在线下不具有竞争力的小微企业，也有可能在线上发动逆袭。而这正是青年创业过程中依赖互联网的竞争力。

3. 跨界创业的成功：知识传播与核心创意

过去有句老话叫"不熟不做"，以往的创业者在选择自

---

① 卢益清，李忱. O2O商业模式及发展前景研究 [J]. 企业经济，2013（11）：98-101.
② iCTR网络调研. 指尖上的网民——中国移动网民分析报告 [J]. 市场瞭望，2014；(3).

己的发展领域时，往往与自己所受的教育或者家族、地区的传统相关。比如说有的人选择服装业，是因为他（她）曾经学习过相关专业，或者祖上就是裁缝。但现在我却发现，青年创业者的教育背景与创业项目大多没有直接关系，更多的属于"跨界"创业。我认为这是当前青年创业潮流中十分明显的一个特点，在调查的企业当中，青春树和1898咖啡、车库咖啡的创始人在之前都没有相关的专业背景和创业经验。

案例五

青青树的创业者王川、武寒青是北大中文系的校友。毕业后他们在报刊做过编辑和记者。后来，辞职下海在动漫领域创业。尽管这两位校友都不画画，但青春树在圈内知名度很高，他们的原创动画片颇多，并屡获国内外奖项。由他们编剧、导演和剪辑的3D动画片《魁拔》1~3，无论编剧、人物造型、场景设计和音乐等，都足以代表国内一流水准。

案例六

1898咖啡是北大校友企业家们采用众筹方式开办的咖啡馆。此前，创办策划人杨勇校友和参加众筹的校友们都没有经营过咖啡馆，也没有做过众筹，因为他们都是做其他行业的。但是，1898咖啡馆经过一年多时间的营业，良好的效果证明众筹模式设计是成功的。

车库咖啡的创办人苏菂，也是从IT硬件销售主管转行做咖啡馆的。车库咖啡经营了2年多，现已发展成为中关村创业大街上知名的草根创新创业孵化器。

一方面随着互联网发展的不断加速，知识传播的方式越来越多样、传播的路径越来越便捷。而这些创业者紧紧把握住这样的机会，利用移动通讯建立自媒体，从而作为创业产品和服务的信息发布平台，在朋友圈等传播途径中开展营销，进而转发到其他平面媒体和电视媒体上，并最终在外部社会上广泛传播。这种传播没有财务成本，效果却与商业广告近似。社会广泛传播的直接效果，便是吸引有兴趣消费者关注和体验。如90后消费者喜欢追随新概念和体验式消费。老乡群体、同事群体、校友群体等，都倾向到熟人和朋友的店面，体验产品和服务，以及合影留念。此时，跨界创业者成为"偶像"，他们的店面成为景点，特定消费群体便是"粉丝"。与此同时，互联网所带来的知识传播速度的加快使跨界创业者转行所需的学习时间大为缩短，学习成本也大为降低，整合相关资源的能力却提高了。同时，互联网技术又成为了年轻人超越前辈的优势，借助此优势，年轻人具备能够快速学习多种知识和解决多种问题的本领。同时，在信息时代，知识折旧速度提高了，迭代更新的时间缩短了，而年轻人适应能力强，能跟得上技术更新的速度。

另一方面，当前的青年创业也与传统的创业不同，已经不再是二三十年前以资金和劳动力为核心的创业方式，已经逐渐转变为以创意、"点子""故事"为核心的创业，这一改变也为这些没有原始积累的跨界创业者提供了更好的创业环境和空间。

三、青年创业为什么能够成功——初步的分析与思考

创业尤其是青年创业，当然是风险较大的事业。但为

何当前中国社会越来越流行青年创业?可以想到的一个原因就是成功者越来越多了。我也认为,当今的中国,市场经济已经发展到了一定程度,工业化、城市化已经进入到新的阶段,再加上中国社会本身所具有的一些重要的资源,使得青年创业的土壤已经很厚实、很成熟。

1. 政府的扶持大大扩展了创业空间

中国政府在中国经济的发展过程中,扮演了不可替代的重要角色,青年创业的兴起,离不开政府的扶持。这种扶持,不仅体现在积极方面,也体现在简政放权的方面,政府为企业特别是小微企业的发展提供了更为宽松的发展空间。李克强总理在 2014 年夏季的达沃斯论坛上表示,要"进一步解放思想,进一步解放和发展社会生产力,进一步解放和增强社会活力,打破一切体制机制的障碍,让每个有创业愿望的人都拥有自主创业的空间,让创新创造的血液在全社会自由流动,让自主发展的精神在全体人民中蔚然成风"[1]。在过去的一年中,政府对创业的支持力度也在不断地加大:从推进商事登记制度改革等简政放权举措、出台一系列面向小微企业的定向降准政策,到教育部发布"要求高校建立弹性学制,允许在校生休学创业"[2],从公司法的修改到工商登记制度改革。这些举措也取得了明显的效果,据有关统计,从 2014 年 3 月 1 日实施新的注册登记制度后,全国平均每天新注册企业 1.04 万户。截止到 2014

---

[1] 李克强倡导"万众创新":为中国经济升级版发力,http://www.chinanews.com/gn/2014/09-12/6587454.shtml,检索时间 2015 年 3 月 18 日。
[2] 教育部. 关于做好 2015 年全国普通高等学校毕业生就业创业工作的通知[Z]. 2014—12—10

年年底，全国新登记注册企业286.62万户，注册资本金14.83万亿元，同比分别增长53.99％、92.61％。全国个体私营经济从业人员2.46亿人，比2013年底增加2754.12万人①。

在2015年3月的全国"两会"上，李克强总理在政府工作报告中又多次提到了"创业"这个关键词，并从三个方面对创业的发展做了阐述。首先，强调了创业创新的重要性，在当前经济增长放缓、出现下行趋势且传统动力减弱的情况之下，"加大结构性改革力度，加快实施创新驱动发展战略，改造传统引擎，打造新引擎"，从而培育和催生经济社会发展的新动力，已经成为我国经济发展的必然选择。因此，政府决定"推动大众创业、万众创新"，并以此作为扩大就业、增加居民收入的重要推动力量，同时促进社会纵向流动和公平正义。其次，规定了政府的关键职责，要千方百计地为创业提供良好的社会经济环境。"各级政府都要建立简政放权、转变职能的有力推进机制，给企业松绑，为创业提供便利，营造公平竞争环境"，同时简化审批程序。并大力发展众创空间，从而"给市场和社会留足空间，为公平竞争搭好舞台"。最后，大力推动新技术在创业之中的普及，报告提出，要"制定'互联网＋'行动计划，推动移动互联网、云计算、大数据、物联网等与现代制造业结合，促进电子商务、工业互联网和互联网金融健康发展，引导互联网企业拓展国际市场"。进一步将企业发展与互联网等新技术的结合确定为发展方向，并设立了专项的

---

① 白雪. 2014：中国草根创业时代来临［N］. 中国青年报，2014—12—29.

新兴产业创业投资引导资金,为创业提供了资金上的支撑和保障。①

我认为,在政府支持力度加大、市场机制日益完善、创业热情不断高涨的今天,青年创业还将持续升温。

2. 互联网的发展与普及为创业者构建了全新的社会网络

第一代创业者在创业过程中,开创市场的方式主要依赖于传统的电视、广播等媒体以及实体广告,包括一定程度的线下宣传,但其构建起来的市场扩展速度远没有网络时代迅速,范围也不及网络时代。而从传统时代到网络时代的改变实质上是企业构建的社会网络的变化。在社会学中,社会网络(social network)指的是社会行动者(social actor)及其间关系的集合。也即每一个社会网络都是由多个点(社会行动者)和各点之间的连线(行动者之间关系)组成的集合②。

在一个企业的社会网络之中,企业的经营者和消费者都属于社会行动者,企业经营者希望能够与更多的消费者建立稳定的关系,从而经营逐渐交织起来的社会网络。而在互联网时代,企业经营者和消费者的关系构成的社会网络已经从原来面对面、通信等直接的交流方式演变成为一种依赖于虚拟空间的社会网络。在这种新的网络中,消费者只需要在互联网的移动终端轻轻滑动即可与企业的经营者建立足以完成任何交易的关系网络。因此,在互联网时

---

① 李克强. 2015 年政府工作报告 [N]. 人民日报,2015-03-06
② 彭兰. 从社区到社会网络——一种互联网研究视野与方法的拓展 [J]. 国际新闻界,2009(05):87-92.

代的社会网络具有了更快的蔓延速度、更简便的建立方式、甚至更加细致入微的服务等多重突出的特点。

在这种以互联网为基础的社会网络之中，虽然部分规模庞大的网络巨头已经垄断了搜索、社交、线上买卖等多个领域的商业服务和利润。但是互联网时代搭建起来的更为密集的社会网络给后来的创业者提供了十分丰富的选择余地。据有关研究，当前三大门户网站虽然占据了重要的数据流量，掌握了众多的信息，但仍有其不会涉足的部分，原因有二：一是比这更容易盈利的业务都做不完。二是三大门户网络平台之间是有边界的，互相不会越过边界做其他平台的数据，因此，每家门户网络平台都巨大，但都不全面。所以，互联网提供的巨大的社会网络空间可以为后来的创业者提供很多生存选择：一方面，中小网络服务公司可以从三大平台买数据流量，另一方面，可以为其他企业提供新的移动社交式消费者关系维护与服务。

由此可见，虽然在当前的经济发展中，很多率先出现的企业已经占据了大多数市场份额，瓜分了大半的利润。但互联网时代企业经营者与消费者之间关系的建立越来越便捷，社会中错综复杂的社会网络日益繁密，没有任何一个企业能够覆盖所有甚至大多数的网络，仍有众多尚未开发的空间和资源可供后来的创业者参与其中，这也是后来的青年创业者之所以能够不断涌现新的成功案例的重要原因。

3. 独特的本土资源：对不完善市场机制的补充与修正

中国改革开放 30 年来，市场经济发展逐步完善，成就举世瞩目，但仍有两大短板：缺乏商业信用和契约精神。

而这两个因素恰是西方发达国家市场经济良好发展的基石，那为何我国的青年创业者却依然能够在国内市场获得成功？这要得益于创业者对本土性资源的灵活运用。

什么是中国的本土资源？我认为这种"资源"的核心应当是建立在中国社会基本伦理与关系基础上的一种社会结构和社会秩序。学术界对这种结构和秩序的研究已经成为了解中国社会的重要切入点，尤其在社会学、经济学等学科之中。而这种中国社会特有的社会结构和社会秩序的建立与维护几乎完全依赖于中国人心目之中的"关系"，有研究指出中国人的"关系"问题已经成为重要经验研究领域关注的核心问题，"关系""面子""人情"等非正式关系已经成为解释各种社会行动过程和后果的主要因素①。

这种以关系为核心建立起来的社会结构和秩序早已深入国人心中，在中国人看来，虽然市场的信用并不完善，但仍有两种很强的信用：政府职责和"熟人规则"。自古以来，在中国民间对官员的俗称是"父母官"，对朋友的俗称是"兄弟"。这些称呼所采用的，本来都是我们称呼"家里人"的称谓，却用来称呼"政府官员"和"熟人"。这说明我们对政府和熟人的信任，几乎相当于在家里对父母和兄弟的信任。这种信任不乏在经验研究之中有所体现，在一个经典的社会学研究中，研究者对农村税费征收的过程进行了考察，并指出"在正式行政权力的行驶过程中，基层政府官员对正式权力之外的本土性资源巧妙地利用，即将社会中非正式的因素大量地运用于正式权力的行驶过程之

---

① 周飞舟. 差序格局和伦理本位——从丧服制度看中国社会结构的基本原则[J]. 社会，2015（1）：26—48.

中,从而使国家的意志能够在农村中得到贯彻执行"①。在其案例中,我们可以清晰地发现基层政府对本土性资源的运用,面对一位不交税费的老农,基层干部说了一句"您就把我当作是要饭的"就解决了问题。这说明这位干部将国家与农民的关系转化为了农民与自己的关系,而这种根植于乡土社会之中的"熟人关系"恰是老农所看重、所认可的"信用",这种关系也正是中国老百姓信任基层政府的关键所在。

再来看另外一种"信用"——熟人规则。中国自古以来即使一个"熟人社会",韦伯在对中国传统社会结构进行分析时,指出中国社会"缺乏理性的实事求是,缺乏抽象的、超越个人的、目的团体的性格"②,因此也就造就了一种"突出的'特殊主义'的关系结构"③。"缺乏理性""特殊主义"等关键词恰是中国"熟人社会"特征。在这样的社会结构中,人与人之间讲信用,重面子。朋友之间绝不容欺骗,否则将会视为"异己",被永远驱除出朋友圈。对中国人在这种社会结构中行为模式描述最为准确的当属费孝通先生:

我们的社会结构本身和西洋的格局是不相同的,我们的格局不是一捆一捆扎清楚的柴,而是好像把一块石头丢在水面上所发生的一圈圈推出去的波纹。每个人都是他社

---

① 孙立平,郭于华. "软硬兼施":正式权力非正式运作的过程分析——华北B镇收粮的个案研究[G]. 清华社会学评论(特辑). 厦门:鹭江出版社,2000.
② [德]马克思·韦伯著. 康乐,简惠美译. 中国的宗教. 宗教与世界[M]. 桂林:广西师范大学出版社,2004.
③ [美]塔尔科特·帕森斯著. 张明德,夏遇南,彭刚译. 社会行动的结构[M]. 南京:译林出版社,2012.

会影响所推出去的圈子的中心。被圈子的波纹所推及的就发生联系。①

不仅中国社会中的个体行动者如此，政府甚至也是基于这样一种社会结构之上，便形成了"家国同构"的社会组成方式。家人之间的信任基于血缘关系，政府官员对老百姓的行政职责，基于规则和纪律，而这种规则和纪律又常常受到本土社会结构的影响。中国人对朋友的信任与对政府职责的信任，虽然都不是商业信用，也不是契约精神，甚至还没有完善的法律制度来维护。但是，在中国的社会结构之中，任何行动者都必须遵守这样的一种行动规则。

在我观察的案例中，很多成功的创业者很善于利用这种本土资源，且基本都遵循其中的原则来行动。当前大多数的创业者在创业之初一般没有雄厚的资本，缺少社会经验，身单力薄，要应对复杂的社会局面、承担风险，就必须"一个好汉三个帮"，"兄弟齐心，其利断金"，才能有抗风险的能力。例如，在创业之初，需要资金，向朋友借钱甚至可以不用写借条，更没有抵押担保，或签署一大本律师起草的借款协议，只需要用"面子"作为信用担保即可。有"面子"就有人情，人情比山重，将来创业成功之日，要回报朋友们的人情帮忙。因此，熟人规则还有一条，朋友帮忙都是互相的。再有一条就是，朋友圈是一个相对封闭"熟人社会"，创业者最初的合作伙伴，多是家人、朋友、同学和校友。他们之间的信任度高，重面子，有人情，因此，工作效率高，执行力强，交换成本低，可以部分弥

---

① 费孝通. 乡土中国 [M]. 上海世纪出版集团，2013：25.

补市场缺乏信用和契约精神的不足。在上下游合作方面，熟人社会也采取"内外有别"原则，"肥水不流外人田"。

北大这一批校友创业者，他们在创业过程中依靠"朋友""圈子""熟人"的做法，恰恰印证了费孝通先生所论述的"水波纹"一样的社会结构，每个人在创业过程中总是以自身为中心，逐渐扩展自身的社会网络，且在差序格局明显的社会结构中做出决策和行动。正是这样的行为方式使得创业的交易成本更低、履约率更高、服务质量更好、产品质量也更加可靠，因此创业的成功率也就越高。

四、余论

除了上述的原因之外，当然还有很多因素需要考虑，比如：这些创业者的本钱从何而来？改革开放以来，中国的私人财富不断积累，甚至大部分普通家庭也都拥有了一定的财富，北京、上海等一线城市的居民，如果拥有自己的住房，那么就可以价值百万、千万，而且中国居民的储蓄率很高。所以我观察到的很多创业者，启动资金可能来自家庭的积蓄，或者是几个朋友"一起凑凑"，或者很容易就获得了各类风险投资，这使得创业初期的压力没有那么大，资金的成本比较低。这毫无疑问是一个需要考虑的因素。

此外，如前所述，美国在青年创业领域，在所谓"互联网＋"产业领域，都居于世界领先水平，已经有了很多很成熟的模式，而且创新还源源不断。中国在这个方面作为后发国家、新兴市场，确实也有后发优势，中国的青年创业者很多都从美国的市场上找到了榜样。也许最开始我们"山寨"，但很快就能够将美国的模式中国化，并且青出于蓝而胜于蓝。这种后发优势对中国的青年创业者来说也很重要。

再比如，中国互联网市场的格局也为青年创业者的成功留足了空间。互联网行业有几个"巨无霸"，他们实力雄厚、覆盖面广，搭建起了非常好的平台，而且这些平台上可以做的事情很多，大企业不愿做、不会做的事情也很多，小微企业利用大企业创造的平台和机会，完全可以低成本地快速成长起来。

我的观察和调研都非常有限，仅仅局限在从北京大学毕业的一小部分青年创业成功者，所以我不认为自己发现了太多规律性的东西，他们的故事会有很多特殊性。但是，我又坚持认为自己的观察和分析是有意义的，因为哪怕是局部的现象，也足以反映出一个宏大的社会发展趋势，足以说明为什么"大众创业、万众创新"的局面能够形成。这也应该是中国经济社会发展的一个新方向，应该是中国继续充满发展活力的重要源泉，这也能够体现中国特色社会主义市场经济的特点与优势，因为这既是市场经济进入成熟期的产物，也是中国传统、中国制度、中国道路的产物，对此我们应该有更多的自信，以及进一步进行深入研究的自觉。

目　录

张天一：霸蛮硕士的米粉传奇　/1

　　"假如说今天伏牛堂倒闭了，我最坏的结果是什么，不就是去打工呗。但出去打工的时候，你能用两年经验来衡量我吗？不可能。因为我开启了一种'Hard'模式，用两年的时间搭建了自己的平台和团队。"在张天一眼中，创业成功是小概率事件，而失败，则是一份足够有意义的人生履历。

姜　莉：绿皮火车上的创意梦想　/14

　　"成功的花，人们只惊美她现时的明艳！然而当初她的芽儿，浸透了奋斗的泪泉，洒遍了牺牲的血雨。""成功的花"是血与泪滋润的结晶，是奋斗与付出所孕育的蓓蕾。只有经历这样的一种洗礼，才会有花"现时"的明艳。我们向往成功，渴望收获，但是通往梦想的路上总是布满荆棘。困难和挑战总是在所难免，乐观的态度却是可以自己选择的。

吴光团：商界里的嬉皮士　/26

　　"我不喜欢那些专注营销的做餐饮的方式，餐饮容不得炒作。"吴光团说。

　　他对于餐饮的态度，不仅是认真庄重的，甚至还有一点虔诚。

李　颖：随风奔跑自由是方向　/39

　　关于创业，李颖认为，她想要做自己的事情，更多的是想自由地去实践，去发光发热。回顾一路走来的创业历程，她感慨地说："回头想想我们走过的所有过程也都是非常值得的。我想真的在用心去做教育的人，都是理想主义者，所以我想当有一天这个梦想能够实现的时候，可能就是我们人生价值实现的时候了。"

丁　捷：多种角色，百味人生　/50

　　从离开教育行业，到如今回归教育行业，丁捷似乎从未将自己当作老师，然而她身上始终有一颗助人育人的赤子之心。回忆当初离开三尺讲台，她说她从未后悔，反而感激当时家里人的支持和自己不顾一切的勇气。而今创办云学堂，或许正与当初离开讲台时心中深埋下的执念有关。

胡文波：创业，创新　/62

　　医学科班出身的她一直与医药行业结缘，从监管者、企业高管到创业者转换了多个角色。对于胡文波而言，这次创业有两个最重要的意义，其一是研发生产真正的好产品解决患者的实际问题；另一个意义则是真正从医药行业做起，从"中国制造"转变到"中国智造"，将高质量的中国医药产品卖到美国和欧洲去。

王　宇：既然选择了前方，必定风雨兼程　/73

　　高山仰止水流长，北大修习著华章；
　　未若创业费思量，般若乾坤任飞扬；
　　借得丹青三百丈，谱却洁傲一米光；
　　今向燕园豪天放，觥筹怒罢写激昂。

陈　璐：成事亦成人　/83

　　陈璐的"创业"，既不轰轰烈烈，也不浪漫诱人，创业只是扎实地做事。陈璐的事，就是研发他的"肺仿生气体净化系统"，降低他们团队的运营成本。或许在沉迷技术的陈璐那里，做事本身就是一种情怀，一种实干家特有的气质，一种撇去辞藻修辞和情感装饰的务实理想。

张恭谦：有所为而有所不为　/94

　　到这时，张恭谦终于弄明白了一件事情：凡事必须要有所为而有所不为——与多元化发展相比，在一个领域、一个点上做精、做到极致，同样也是一件很了不起的事情。

李　木：打造与哈佛叫板的中国技术　/105

　　"不积跬步无以至千里，不积小流无以成江海"，只要方向对了，每一步努力都是前进的一步。年轻人不仅要敢于创新，也要有坚持的品格，我们向往高山，我们渴望田野，我们放眼平原，但却不是所有人都能坚持到终点。找对路子，持之以恒，你会发现渐渐地我们就翻过了高山，穿过了田野，跨越了平原。

马　顺：创业似跑马　/116

就在那一次旅途中，站在莫贺延碛广袤的沙土上的马顺，突然意识到在几百年前，玄奘大师双脚走过的路程，现在自己正在走。传奇中的人物与现实中的自己，就在这一瞬，产生了影响马顺今后人生道路的一次对话——他萌发了"再历一次险"的想法。

李赛赛：创业的收获与成功无关　/127

"创业是集中精力做一件事，是你的智商情商各种能力和你全部资源的总爆发，不可能不辛苦。我们总是看到一个企业上市的风光，但是常常忽略他们在人后的辛酸，创业时候，压力都在你头上，你没有回旋的余地。创业没有退路。"

童红雷：守护中华瑰宝传承历史记忆　/139

"我们坚持在档案领域不改变，不管以后企业规模有多大，收入有多少，我们的根，我们的基，一定是档案。我们的信念，就是守护和传承档案文化。1997年到现在，20年了，我一步也没离开档案。保护档案就是我这辈子能给人类做的最大的一件事，我一定要把这个事情做好。"

崔建军：敢立潮头游蓝海　/149

崔建军强调对市场竞争应有积极的态度，努力把技术充实好，用技术充实市场，这样技术才能变成回报。崔建军说道："这个东西看起来是黄金，但要把它变现了才是真正的黄金。"

冉宏宇：让中国新风飞向世界　/159

谈起自己当年的这个决定，冉宏宇表示，"那个时候身边的一些所谓成功人士大多都有房子有孩子，生活也归于平淡了。可是我们当时是怀揣抱负出国的，如果精神上缺少成就感，我会感到彷徨"，"作为70年代出生的人，我们受的是最正统的教育，总有一种'科技报国'的情怀。看到中国发展迅速，正在由'中国制造'向'中国创造'转型，感到心潮澎湃"。

曾旭东：敢于归零的创业"老"兵　/170

"年轻人创业有年轻人的优势，像我们这样的创业也有我们的优势，当然我们也有劣势，可是我们会紧抓优势，去创造更多的机会。其实有一个关键的地方，就是你必须把过去所有的光环褪去，从零开始，一定要有这个心态，否则成功的概率就会减小，或是遭遇更大的挫折。"

窦伯英：廿八征程，绳系初心　/180

窦伯英的创新精神来源于她对技术重要性的认知和肯定，从她在父亲那里接过钢丝绳检测技术第一棒时起，她就深刻意识到这是一份沉甸甸的担子，但她毫不犹豫地接受了。

刘昊扬：颠覆与引领新时期的中国智造者　/192

虚拟现实是一种新的交互、显示、体验方式。我们在虚拟的世界中是看不到自己的，看不到自己在虚拟世界中与周边的互动，要想让自己与虚拟的世界互动起来，就需要把自己投影进去，这样动作捕捉就成了虚拟现实领域一个非常重要的交互办法和途径。

罗晓东：捕捉红海中的蓝　/203

"逛了一圈"回来以后，罗晓东突然意识到面向高校女生的美妆产品平台是一个巨大的商业机会。虽然美妆产品本身在竞争、比价等各方面看来都是一个"红得不能再红"的红海，但罗晓东意识到：高校女生的美妆市场，却是一片蓝海，没有一个渠道真正在这片处女地里做深做透。

后记　/215

张天一： 霸蛮硕士的米粉传奇

创业者小传：

张天一，1990年5月出生于湖南常德。2014年毕业于北京大学法学院，获硕士学位，伏牛堂创始人、北大1898咖啡联合创始人，十一届北京市青联委员，福布斯亚洲30位30岁以下青年企业家（Asia 30 under 30，2017）。2015年作为90后大学生创业代表获得李克强总理接见。

在北大法学院就读期间，张天一被评选为北大演讲十佳，并代表北大参加北京市大学生演讲比赛获得冠军。曾任北京大学法学院研究生会秘书长。

2014年大学毕业后，通过餐饮连锁＋电商的"互联网＋"经营模式创立了新餐饮零售品牌"伏牛堂"，让湖南牛肉米粉这一传统美食受到越来越多年轻人的欢迎。

目前伏牛堂营收过亿，先后获得真格基金、IDG资本、北京大学创业营现代服务业基金等多家知名VC投资。

伏牛堂也是共青团中央全国创业大赛三等奖、北京共青团市委创业大赛优胜奖项目。

从创业伊始，张天一就总是穿着一件印着白色"霸蛮"字样的黑色文化衫。这两个字取自湖南话"吃得苦、耐得烦、不怕死、霸得蛮"，被视为湖南人的精神写照。

2014年初，张天一即将从北京大学法学院毕业，身边的同学挤破头向大律所、500强、公务员靠拢，不想朝九晚五、也不愿做流水线上的螺丝钉的他，"被迫"选择了创业。

"伏牛堂"刚办起来的时候，只有四个合伙人，牛肉要自己切、自己炒、自己炖，米粉要自己进货、自己泡发、自己煮。他们每天工作16个小时以上，事无巨细，亲力亲为，够苦够累。但正是凭着这股劲儿，从在常德拜师学艺到在北京开第一家店，再到获得《人民日报》的报道，张天一和他的合伙人只用了不到四个月的时间。

如今伏牛堂已经有25家门店，三百多名员工，先后完成四轮融资，成为米粉品类中的第一品牌，估值近两亿。而张天一本人也早已成为90后创业的代名词。

创业是一个动态的过程

创业这件事，在创办伏牛堂以前，张天一就有过尝试。本科就读于北京外国语大学的他在大二时创立了"天一碗"连锁餐饮公司，并使之成为当时魏公村、五道口高校区一带有名的水饺外卖品牌。本科毕业的时候，张天一关掉了已经有两家店的"天一碗"，把赚到的钱花在了旅行上。

张天一潇洒坦言，创办伏牛堂的时候，自己也没有想到能把它做成一个持久的品牌。"当初就是想开一个小饭馆，干倒闭了再重新开始。"

但这不影响他做事的细致和认真。为了弄到好吃的米粉配方，张天一和表弟周全回到老家湖南常德，将大街小巷的米粉店吃了个遍，并且挑了几家请求拜师学艺，但是很多店，包括常德最有名的刘聋子，都拒绝了他们的请求。功夫不负有心人，到处试吃和求师的他们在一条巷子里发现一家口味正宗的米粉店，征得老板同意后，他们学习、打磨并最终提炼出了一剂配方，在经过常德餐饮协会的名厨和其他当地米粉名厨的品尝和鉴定后，他们确定下来了自己的米粉配方，这就是后来伏牛堂牛肉粉用的配方。

回北京后，张天一又说服了两个好朋友加入，四人开始谋划伏牛堂第一家门店的选址。不久后，在金台夕照环球金融中心地下一层，一家30平方米的小店正式开业了。

小店为什么起名"伏牛堂"？官方的宣传并没有给出特别的解释。张天一说，简单讲是因为卖的是牛肉粉，往深了讲则有他自己的想法。在张天一看来，牛这个生物是力量型的，尤其是公牛，张扬甚至有些蛮横，"伏牛"的意思是将这种张扬和蛮横的力量收敛起来，伏下身去赶路，才能走得更远。伏牛堂想要做的正是以高维打低维，花大工夫去做小事儿。这个过程，需要一点牛劲儿，但更需要稳扎稳打厚积薄发。

创业不久，伏牛堂就进入了北京大学创业训练营（以下简称北创营）进行孵化，在这里，伏牛堂完成了从0.1到1的早期成长。在北创营这个孵化器里，很多信息交互、对接、突破、完善，北创营提升了张天一创业团队对创业这件事的认知和实践。

创业是一个动态的连续性过程。创业者需要不断地更新自己的愿景。张天一说，最早的时候，他的愿景就是开一家米粉店。到了有两三家店的时候，愿景变成了维持运营，玩儿得开心。等规模更大，团队扩充至五六十人的时候，身为领队的他就不得不开始琢磨企业的发展和前景，思考如何带领团队平稳前进。而如今，张天一想的是，如何把伏牛堂做成一个更加长线的持久品牌，如何能在万众创业的今天找到自己特有的商业模式并且获得自我迭代和更新的能力。

在创业的过程中，成长和反思永远是同步的，问题总比机会多。创业者必须时时刻刻保持警惕和清醒。"当一个创业公司觉得机会比问题多的时候，基本上离死也就不远了。"

霸蛮就是我们的核心价值观

2015年5月7日，李克强总理视察中关村创业大街，曾问陪同视察的张天一，"霸蛮"是什么意思，张天一解释说，"霸蛮"是湖南方言，意思就是"吃得苦、耐得烦、霸得蛮"。"霸蛮"，是伏牛堂的核心价值观，印在衣服上做口号是希望自己的创业团队能有这样的精神。

要做到霸蛮，首先要敢于"不同意"，敢于"说不"。在张天一看来，生活中的多数人都是随大流，但创业的人应当有"说不"的勇气和底气，特别是外行做内行的事情时，不要迷信以往的经验，要敢于去探索自己的路径，这样才能有所创新。

但是，张天一强调，霸蛮不是简单地"说不"，因为任何人都可以拒绝、可以不爽、可以任性。霸蛮，还意味着一股"不服输"的韧劲儿。"说不"的核心不是逞一时口舌之快，也不仅仅是一味地反对，而是要创造，要拼搏，要证明自己。张天一打了个比方：这就像打架一样，只要你打不死我，我就一定不会求饶。

霸蛮最终是要"做自己"。张天一说，前面两条"比较拧巴"，又是不同意，又是不服输。这么倔，一定吃亏，图什么呢？"做自己"。如果当初选择了做律师，今天的张天一可能穿着正装，苦于完成老板交代的任务，而经营伏牛堂的张天一，可以自由地选择自己做什么、穿什么，自主地规划企业的发展方向并享受这个过程，有实现自己的快感，够霸够蛮。

作为伏牛堂的核心价值观，"霸蛮"在企业经营的不同层面有着不同的诠释和体现。如今，"霸蛮"早已不是一个口号或者宣传的噱头，而是渗透在日常的语言和行动中的理念。一种理念之所以被称为"核心价值观"，不在于它被尊奉，而在于它被执行。

伏牛堂的团队比较特殊，目前为止，主要是由80后为核心骨干、90后为主要成员搭建起来的，基层员工里也不乏更年轻的95后力量。团队管理中，员工年龄均值越小，团队对正向激励和持续性的认可需求就会越强烈，反之，对流程、规章制度的认可度则会越低。

正是因此，伏牛堂一直强调用游戏化的方式来进行管理，力求"好玩儿"。他们建立起了一套独特的花名制度和积分晋级体系，每位员工都有自己的花名，比如张天一的花名叫"彭大将军"。此外，每位员工都拥有自己的角色级别,如基层御林军、分舵主、区域长老、堂主、大堂主等,级别间的晋升会有仪式,比如授勋仪式、授衫仪式、宣誓仪式。此外,公司自己开发了一个微信公众号,定期发布任务,完成了相应任务就可以获得"牛币"作为奖励,积攒了足够的牛币,就能换取零食和假期。

正是凭借着角色化、仪式感和独特的升级奖励制度,伏牛堂的游戏化管理成为伏牛堂企业文化中一道别具一格的风景线。

大学生创业怎么着都是对的

"从概率上讲,大学生创业的成功率是最低的,基本上可以说是炮灰。但你创业的目的一定是为了成功吗?"张天一问。

张天一认为,人在三十岁最终定型之前,最要紧的事情,就是建立一套完整的自我认知。创业之独特魅力就在于,它比其他工作能更快地帮助你获得清晰的自我认知和人生定位,"知道自己想要做什么,能做好什么。"在张天一看来,大学毕业出来创业,即使干了两三年倒闭了、失败了,收获也可能比在一般的工作岗位上工作七八年甚至更长时间还多。

"假如说今天伏牛堂倒闭了,我最坏的结果是什么,不就是去打工呗。但出去打工的时候,你能用两年经验来衡量我吗?不可能。因为我开启了一种'hard'模式,用两年的时间搭建了自己的平台和团队。"在张天一眼中,创业成功是小概率事件,而失败,则是一份足够有意义的人生履历。今天的大学生面临的问题不在于创业是否能成功，而在于，大多数人其实并不真正了解自己。

从伏牛堂成立以来，一直不断有大学生加入。截至目前，基层的服务人员基本都是刚毕业的大专甚至三本以上的大学生。而同行业其他企业的从业人员却主要是30到40岁之间小学、初中毕业生。在人力资源的质量和水平上，伏牛堂具有非常明显的优势。

"年轻人投入传统行业改造和升级它们，这对于传统行业和年轻人自己，都是非常大的出路和机会。"张天一认为，当今很多二本、三本的大学毕业生找一份高薪的白领工作并不容易，但如果他们能够投入到传统行业中，将会带动整个行业运营效率的提升和模式的革新。

他给我们算了一笔账用以说明现在大部分餐饮企业面临的人力资源问题。一个普通餐厅的服务员，月工资3200元，绩效、提成、福利补贴单算，包吃、包住、包缴社保，这个待遇其实不低。一个大学毕业生在北京的公司做职员，一个月下来，8000元的工资也未必能剩下3200元。但是至今餐饮行业招大学生依然是困难的，原因在于行业偏见。从企业角度讲，则是餐饮行业没有足够多的好企业去扭转大学生的就业偏见，但星巴克就能招到大学生。因此，餐饮行业总体人力资源水平偏低，这不是行业属性问题，而是行业发展阶段问题。一个企业的价值理念、文化氛围、工作环境是非常重要的，这也是伏牛堂发展到今天的一个重要经验。

创业的最大风险是创始人

在办公室的墙壁上,张天一挂了两块牌匾,下面一块写着"银枪小霸王"。"这块牌子就是给我自己立的",张天一打趣道。

张天一是1990年生人,今年27岁,金牛座,他给自己的性格标签是,内敛、土、蛮。创业以来,他的事业整体上很顺利,所以他时不时"嘚瑟"两下。

但事实上,两年来,张天一在心态上经历了一个不断撕扯、大起大落的过程。他时而感到高兴,觉得"都是朕的江山";时而感到沮丧,认为"全世界都在跟自己作对"。

今天伏牛堂唯一的风险不在商业运营上,而在创始人本身。张天一说:"我如果不作死,这件事一定能做成,但需要我有足够的耐心和足够的谨慎。"

在"银枪小霸王"的牌匾之上,张天一放了另一块牌匾,上面写着毛泽东晚年送给叶剑英的两句话,"诸葛一生唯谨慎,吕端大事不糊涂"。

"算是现阶段的座右铭吧!"张天一希望自己能够一直保持平和和冷静。作为一个创始人,他要给他的整个团队以及投资人带来安全感和稳定的预期。

随着规模的扩大,伏牛堂逐渐引入了一批职业经理人。"就像一个刚满一岁的婴儿被移植了一大堆器官一样,肯定会有排异反应。"张天一认为,现在对自己来说,更重要的是重新梳理一下公司的核心价值和基本愿景,花点时间打磨一个更成熟的商业模式。

去年底，伏牛堂完成了由分享投资领投，丰厚资本和北京大学创业训练营现代服务业基金跟投的1700万元A＋轮融资，但他并不急着开分店。"我们现在开门店的要求基本上是开一家赚一家，不赚钱的门店我们不想开。"

张天一认为，是不是要快速扩张取决于从多长的时间维度来进行规划。如果你将这份事业拉到一个5到10年甚至更长的维度，就不用那么着急。正因如此，在对待资本的态度上，张天一一直很理性。一方面，他承认资本能够加快企业发展，特别是在打磨商业模式的阶段，钱能保证足够的试错机会。但另一方面，对于钱，他有自己的选择原则，他只要"带价值观的钱"。这么久以来，他也一直不惮于向提出要求和条件的投资者说"不"。

"在现在的大环境下，储备大概够用18个月的资金，肯定是没有错的。"张天一说，"但餐饮行业本身就有较高的流水，伏牛堂现在并不缺钱，所以不需要花更多的精力去跑业务和进行团队建设。"伏下身，稳着走，是伏牛堂一直秉持的发展思路。

张天一把企业发展比作一辆车，他自嘲他是这辆车的"老司机"。司机掌控方向盘，四个轮子分别是团队、价值观、商业模式和资本。老司机急躁冒进，企业就会栽跟头。很大程度上创业，是自己的理智与毅力，在和自己的杂念与贪欲竞争。

做品牌需要有耐心

"伏牛堂一路走过来，不论起还是落，有一个事实没有变：第一天我在卖牛肉粉，到今天我还在卖牛肉粉。然而在这个过程中，有很多人变了，更多的人已经挂了。"

张天一认为，在中餐领域，有五个品类是非常有希望出现餐饮巨头的：面条、米饭、包子、肉夹馍和米粉。它们都符合受众群体足够广、标准化程度足够高的基本要求。面条已经有味千拉面，米饭有真功夫，包子在南方有甘其食，而肉夹馍和米粉都还没有像样的大品牌。

据行业协会统计，未来整个中国的餐饮行业是一个三万亿产值的产业，占整个社会零售消费品总额的30%，而今天的行业老大，如海底捞、西贝只做到了30个亿左右，这绝非餐饮行业的饱和状态。国外同等的品牌，比如星巴克，去年的财报显示其市值为九百多亿。

放眼日本、美国和欧洲，餐饮行业的腾飞大都是在20世纪70年代中期到80年代中期完成的，彼时这些国家的人均GDP在8000美元以上，而按照中国的"十三五"规划，2020年我们的人均GDP将达到一万美元，现在正处于8000美元左右的水平，是一个餐饮业大发展的机会。在张天一看来，未来10年，中国的餐饮行业必然要经历一个快速崛起的过程，出现一批至少百亿以上规模的企业。

然而，长期以来，中国餐饮企业的发展路径，基本上是厨子开餐馆。大部分的餐饮企业，都是在开张进行一些基本积累后开始做品牌，引入职业经理人，引入资本。然而大部分的企业都在完成这些步骤后就进入了瓶颈期。

在张天一的理解中，解决这个瓶颈，需要人才。商业无外乎造货、运货和卖货三个环节。互联网提升了卖货环节的效率，造货和运货环节效率的提高，则必须依靠人员素质的提升。因此,人力资源,才是未来餐饮企业乃至餐饮行业实现突破的关键。

这也正是伏牛堂的优势所在。伏牛堂团队足够年轻,学历水平高出同类企业,而且客户群中20到30岁年轻女性占到80%以上,从团队成员到客户,伏牛堂吸纳了最鲜活、最有创造力的一部分人群,能够代表下一波的消费趋势,伏牛堂成为未来的行业巨头前景可期。

做品牌需要耐心,品牌的最高境界是能够与品类融为一体,如海底捞之于火锅,西贝之于西北菜,希望未来,人们说起米粉,就能想起伏牛堂。

"我们有希望做成这个品类的第一品牌。"张天一对伏牛堂的未来充满信心。

(撰稿:蒋睿鹏)

姜莉：绿皮火车上的创意梦想

创业者小传：

姜莉，出生于1981年1月6日，现为大连南站众创空间有限公司总经理。曾获得大连市三八红旗手、五四青年代表、2015大连年度十大人物、大连"创业英雄"、大连"创客新星"、2015年度创业人物奖等诸多奖项。

2015年创办大连南站众创空间有限公司，其开发的大连旅途之生咖啡厅是2016年大连市妇联获批的大连市女大学生创业实训基地。2015年6月23日，旅途之生文化创意街被大连市政府挂牌授予"绿皮火车创客空间"，共青团大连市委挂"大连的明天"牌匾并确定为青年商会活动基地。姜莉秉乘着传统与时尚相结合的理念，将服务与特色体验作为经营宗旨，其公司打造的火车小镇更是一个集文创、旅游、商业为一体的青年社区，也是广大青年创客的聚集地。

她是 80 后女生，她是土生土长的大连人。上海华东政法学院法律专业毕业，曾任虹桥机场人力资源经理，后又进军时尚行业。2015 年她毅然放弃了上海年薪 70 万的工作，回到大连，创建了大连旅途之生火车主题创意街，开辟了中国火车主题创意项目的新蓝海。她就是姜莉，为了心中难忘的绿皮火车，为了那一段童年的时光记忆，始终走在奋斗的路上，从未停止舞动梦想的红色舞鞋。

向 70 万年薪说不

黄上衣灰短裤，头顶歪戴着帽子，一身嘻哈运动风。我们见到姜莉时她正在跟一群营员在大连北京大学创业训练营外面的空地上练习着新买的平衡车。要不是有人引荐这就是姜莉，我们都无法想象这就是一时间火爆大连荧屏，把废弃的绿皮火车变废为宝的创意企业家。我们乘坐着她的座驾来到绿皮火车一期，一路上说说笑笑，伴着播放出来的摇滚 DJ 音乐，完全沉浸在她快乐的性格和大胆的创业故事当中。

其实在大学期间，姜莉就是一个"不安分"的小姑娘，她喜欢旅行，那个时候还不流行做代购，但是她会通过自己的方法找到货源。然后进一书包洗护产品在校园里面卖，这样赚来的零花钱就变成了她向往城市的车票。毕业之后，姜莉先是在律师事务所实习了三个月，三个月的时间让她发现，自己对于专业相关的工作其实并不特别感兴趣。于是，她又进修了人力资源管理师，在学习中姜莉对人力资源的相关工作产生了浓厚的兴趣。后来，她先后来到上海虹桥机场、某德国奢侈品公司。再后来她又来到上海的一家时尚服装品牌公司从事人力资源管理，每年参加各种国际、国内时装秀、发布会，衣着光鲜、生活顺遂、年薪不菲，可以说姜莉的这一份工作几乎能满足一部分女性对生活的憧憬。

就在事业顺风顺水的时候，心中一直涌动的念头不时让姜莉辗转难眠。因为经常旅行的原因，一次姜莉在国外不经意地发现，在国外很多大学都有自己的咖啡馆。"我们国内的高校为什么不能有呢？"这个疑问在她的心里埋下了种子。2009年，梦想照进了现实，在大连理工大学校园内诞生了姜莉的第一家咖啡店，主打产品为自己的独创品牌"爱欧咖啡"。直到2015年，姜莉的咖啡店开到了15家，遍布大连各大高校。小有成绩的她又开始"不安分"了。几年前她看到国外一些集装箱咖啡馆很火爆，"这种形式开到国内会怎样？能不能受关注？我是不是能做一个绿皮火车形式的咖啡馆？"以绿皮火车为载体，打造一种循环经济，将废弃的车厢和废弃的铁轨用创意创新的概念重新利用，在大学周边以80后、90后为主要市场群体，带动00后和60后、70后。这个新颖的形式和创意将姜莉的梦想再一次点燃，一个天马行空的想法在她脑海里挥之不去，回到国内，她便毅然决然地将工作攒下的两百多万元存款孤注一掷地押在创业梦想之中。然而，就在刚刚离职后，一个新的"诱惑"摆在了她的面前——上海一家大企业的工作机会，依旧是熟悉的人力资源行当，年薪70万。"即便是在上海，这份工作的薪酬也很诱人。"姜莉笑着说，那是她人生中最纠结的一次选择。考虑良久，她决定放弃这个机会。

"或许是过于理想主义，如果创业成功，我就是全国第一个在废弃铁轨上开绿皮火车咖啡馆的人，这种成就感想想都会让人激动。"姜莉分析了自己创业的三点优势，"首先我做好了最坏打算也想好了退路，3年时间，如果不成功就回上海继续从事人力资源工作，不到40岁在这行还是黄金年龄。第二，我的年纪到了，30几岁积攒了很多的社会经验，我想尝试一下，我真的很想做一些自己喜欢的事情。第三，我工作了很长时间，有比较丰富的工作经验，而且在我工作的过程中我的老板也教会了我很多。"

经过大半年的筹备，2015年5月17日，"绿皮火车创客空间"正式挂牌成立。5月20日，在大连理工大学南门"旅途之生"火车主题创业街第一天开门迎客。如魔术一般，一节节废弃的绿皮火车变成了一个个充满创意的店铺。五节火车总共9个风格：西班牙皇室风格的咖啡厅、全国首创的聚会轰趴馆、空中瑜伽、星空披萨、设计品牌服饰、漫酒吧、自主品牌焖面馆及潘多拉香港特色甜品店。这些项目大多由大学生创业，经过半年多的经营，已有2个项目进行了分店复制。主题街从创意到改造到最后的经营均由一群80后管理，创意、灵活、年轻、怀旧……各种理念交融成了现如今人来人往的火车主题创意街。"绿皮火车是一种情怀，我希望大家带着记忆和向往来到火车咖啡厅，但当来到车厢内部的那一瞬间，又是另外一种视觉冲击。"在不久的将来，姜莉和她小伙伴们的绿皮火车的二期项目即全国首家英伦风格的火车主题公园将正式开放，将会有火车博物馆、亲子阅读馆、6D电影体验馆等新的项目。面对未来，姜莉充满信心。

成功靠摸爬滚打的坚持

慵懒的午后，阳光透过绿皮火车窗洒落在舒适的皮质沙发上，复古吊灯散发出妩媚的暖光，令人陶醉，耳边轻拂过优雅的音乐，恰到好处的笑容和服务……恍然间，顾客觉得仿佛在古欧洲的某个经典咖啡厅享受浪漫时光。如今，姜莉的绿皮火车已经成了一些白领和大学生常来的地方，络绎不绝的顾客让姜莉非常满足。然而，回想那一段创业岁月，酸甜苦辣中有太多的故事值得回味。

创业并非一场简单的游戏，过程中姜莉也遇到过很多挫折和挑战。起初在介绍绿皮火车这个理念时，姜莉也听到了外界的很多质疑。绿皮火车这个项目在前期会吸引许多好奇的顾客前往，但是一旦时间久了，又如何吸引顾客，会不会因为一时的新奇而只产生短暂的经济效益？面对多方质疑，姜莉说："其实我们做的不仅仅是绿皮火车这个概念，每一家店做的是产品，是内在。每一家店不在火车上经营，在别处经营也是可以生存的。而绿皮火车的概念是历史的熏陶也是文化的传承，是要让店铺在好的基础上，变得更好。"得到大家的认可之后，火车内部的装潢、设计一系列都需要投入大量的时间精力。姜莉告诉我们："在我决定要做火车主题创意街之后，就没有停止过忙碌，我的身心就像是一列奔驰向前的火车。正当我为自己的创意沾沾自喜，兴奋得恨不得立马将'火车'投入运营时，我的合伙人病倒了，无法分担更多的工作。于是，我就像临时演员那样突然被推到前台，自己擅长的事要做，不擅长的事也要做，面对火车车体改造时遇到的技术难点，面对二十几个装修工人因水电原因无法开工，面对这种种我不愿意承认的压力时，我也曾绝望，也曾沮丧，甚至在深夜时分坐在火车上放声大哭，在那一瞬间，感觉自己根本无法承受创业带来的磨难。我曾经也几度想要放弃过，不过今天总算是熬出来了。后来我给自己总结的经验就是，人在绝望的时候，必须鼓起勇气抱有一点点希望，你才会迎来更绚烂的明天。否则你不抱有任何希望，一直绝望下去那就真的会失败。

其实这点希望就是坚持，每个人创业都不可复制，但成功的人都有一个相同的特质就是坚持，摸爬滚打的坚持。"不论是谁，想做成任何一件事情都不容易，更为关键的是我们要以何种心态去面对困难。"每当你开始做一件事情的时候，你会满脑子幻想，而且都是美好的幻想，可是等你真正在做的过程中你会发现，这一路真的是百般艰难。如何才能接近成功，就是坚持。等你的目标想清楚了，并且确信这个目标是对的，就算栽了跟头我仍然是有这样的心理承受力，我自己可以爬起来拍拍身上的泥土，即使摔得很重，最多一把眼泪抹掉之后，重新整理心情，接下来再次开启新的征程。"

有了坚定的信念和坚持的动力，其实还不够，每一个人在面对新的领域很多时候都是在试错，你既要享受成功同时也要接受成功路上的每一次失败。在最初的绿皮火车创意设计里，姜莉还有一节车厢是做空中瑜伽项目，但尝试了一段时间后发现这个项目并不可行，因为瑜伽需要一个很大的空间去舒展、去运动，火车长度够，但宽度不够，而且人一旦多了就显得空间很局促。人数上不来就无法支撑老师的教学费用，所以这个项目在经过三个月的尝试之后就被否定掉了。人们总是在一次一次试错纠错的过程中，得到了训练，养成了习惯，获得了真知。错误和失败其实并不可怕，每一次跌倒再爬起来，成功只需要比失败再多一次。

从一个爱旅行靠校园代购赚钱的小姑娘到充满创意敢于实践的创业者，姜莉的诸多经历在旁人看来，每一步都存在难以逾越的困难和挑战，但是成功总是会垂青那些努力还拥有乐观的人。姜莉经常称自己是以"玩"的心态在生活，无论是面对创业，还是参加大连电视台生活频道的《创业英雄》都是快乐地享受其中，并且相信风雨过后美丽的彩虹总会出现在头顶上属于你的那片天空中。

你听过市长帮创业者谈项目么？

2015年中央经济工作会议明确提出，坚持深入实施创新驱动发展战略，推进大众创业、万众创新，依靠改革创新加快新动能成长和传统动能改造提升。大众创业、万众创新，是发展的动力之源，是富民之道、是公平之计、也是强国之策。为支持创新创业力度，推动来自于深化改革释放的滚滚红利。2015年7月，大连市政府削减行政职权逾46%，成为已公布"权力清单"的副省级城市中保留权力最少的城市。大连市公共服务行政中心整合重组，全市34个涉及审批的部门均成立审批办，进驻同一栋大楼，使审批时间缩短224天。市人力资源和社会保障部门从提供场地、筹集资金等实事、难事入手，推出一系列创新创业的帮扶政策，最大限度地解决创业者的后顾之忧。截至2015

年，大连各类创业孵化平台超过 140 个，其中新增八十多个。截至 2015 年 8 月，大连市创业就业人数为 23197 人，比 2014 年同期增加了 16.9%。新登记企业数和注册资本，分别同比增长了 6.09% 和 60.4%。

在姜莉创业初期，正赶上了政府改革出台新政策的好时机。在姜莉正为要车皮、跑手续犯愁的时候，时任大连市人社局的邸树军副书记主动找到了她，协调有关部门帮她解决了创业的难题。姜莉说："邸书记帮助我们很多，不管什么时候，你给他发微信，他都会第一时间给你回复。" 2015 年 5 月 17 日，"绿皮火车创客空间"正式挂牌成立，也得到当地政府的大力支持。大连市人社局与高新园区领导现场解决停车难问题，工商部门开设绿色通道，三天内把工商注册办理完毕，姜莉还为莅临现场的大连市领导介绍了二期项目筹备情况。挂牌后一个月左右，姜莉突然接到电话——大连市领导要带着她去沈阳铁路局谈项目。"当时我都愣了，从没想过市长能记住我这点小事。"洽谈很顺利，沈阳之行不仅为姜莉解决了 20 节车皮及废弃铁路的使用，还谈到大连至旅顺废弃铁路线使用问题。"项目三期规划就是让火车动起来，往返在大连和旅顺之间，让顾客在品尝美食的同时欣赏沿途风光。"在沈阳铁路局，一个熟悉事情原委的工作人员略带羡慕地对姜莉说："你知道你多幸运吗？我第一次看见市长带着创业者来这，就为了几节车皮的事儿。"

姜莉的创业经历是大连众多创业者的一个缩影。据 2015 年的最新统计，大连平均每天诞生两百多个小老板，每百人中就有一名创业者，每小时都有一项发明专利在申请。好的政策惠及了万众创业者，姜莉说："政策越来越好，让我更有信心了。我之前根本就不懂什么叫创业带动就业，但自己在创业当中发现原来创业真的可以带动就业，更让我觉得自豪和充实。"而除了政府的政策支持以外，姜莉也加入了大连地区的北京大学创业训练营。北创营也给了姜莉很多前进的鼓励。"北创营是一个非常好的平台，给我印象最深刻的一次是孙陶然老师在北创营的一次创业分享，让我非常受益。一个成功的企业家失败的实战经验对于我们来说是最受用的。在北创营你会有很多资源，也有很多志同道合的好朋友，营里营外大家都相处得很愉快。"

  冰心有一首小诗："成功的花，人们只惊羡她现时的明艳！然而当初她的芽儿，浸透了奋斗的泪泉，洒遍了牺牲的血雨。""成功的花"是血与泪滋润的结晶，是奋斗与付出孕育的蓓蕾。只有经历这样的一种洗礼，才会有花"现时"的明艳。我们向往成功，渴望收获，但是通往梦想的路上总是布满荆棘。困难和挑战总是在所难免，乐观的态度却是可以自己选择的。创业是一种生活方式，希望每一个下定决心背起行囊在路上的创业者都能像姜莉一样快乐地去追逐明天，勇敢地实现自己的梦想。但是，姜莉也同时劝告年轻人，并不是所有的点子都要去实现，不可以即使不对也头破血流往前冲。在是否创业的考量中要有所思虑，你是否做好了准备要靠自己努力养活自己？你是否找对了路经且这一路径适合自己？你是否经验足够并瞄准了方向？你是否有百分百的勇气坚持到底？每一个年轻人都是梦想家，但伟大的梦想家在仰望星空的同时也要脚踏实地！

创业中的每一个细节和故事都是最难忘的珍贵回忆，苦尽甘来之后梦想又在新的阶段再次起航。姜莉对自己的创意火车有一个浪漫的比喻，这些废弃的铁轨如沉睡多年的公主，今天总算等回了她的王子，深情相拥之后，开始了他们新的爱情旅程。绿皮火车退出历史的舞台却又以更加新颖的形式出现在我们面前，如果你喜欢可以来大连，尽情享受绿皮火车带来的无限惊喜。

（撰稿：马倩）

吴光团：商界里的嬉皮士

创业者小传：

吴光团，1970年11月11日出生，牛津食刻创始人、北大光华创业训练营餐饮一期学员。

牛津食刻，提倡阳光、健康、绿色、幸福的餐饮理念，打造以牛肉为主的快时尚餐饮品牌，主打牛肉快餐、牛排快餐、现煎牛排汉堡以及线上线下外卖和家庭牛排电商。致力于为顾客提供营养美味的体验。

7月19日，炎夏，北京迎来了本年度最强一轮厄尔尼诺降雨。雷先生亲自开车来北大西南门接我们，我们要去采访的，是一位餐饮行业的"老将"——吴光团。对于吴光团，我虽未见其人，却早闻其名——曾端详过一张有他出席的商业讲座的海报，上面醒目的几行"吴氏语录"让人即刻感受到他的才气和狷狂。车轮在雨中的地面上疾驰，四周溅起巨大的水花，一路朝南，向着大兴的"牛津食刻"。

嘻哈的性情

哑光材质的装潢、复古又简洁的吊灯、冷静又不失风雅的黑色色调，从外面看，这家名为"牛津时刻"的餐馆，其实更像一间咖啡馆或者茶馆。我们进去的时候，还不到中午，身着印有"牛津时刻"字样的T恤衫的工作人员忙着在镁光灯下给食物成品拍照，而点单和收银的柜台旁则没人站立，只有三三两两的"客人"，但一进门即被请到里面寒暄。

这个似营业又非营业的场面让我心里大为狐疑。

此时雷先生给我们端来了茶，向我们解释说餐厅其实还没有正式营业，今天来的都是被请来试吃的朋友们。

原来如此。

我心下了然，呷了口茶。

一口茶还没待咽下去，过道里大步流星走来一位身着"牛津时刻"文化衫、歪戴鸭舌帽的"工作人员"。他边走边用不甚标准的普通话向我们打招呼——"你好"！我这才反应过来，眼前这位就是吴光团，牛津时刻T恤、牛仔裤、运动鞋，和工作人员一样的着装。刚刚他在桌子的那一边穿梭忙活，我们却一直没有认出来他。粗枝大叶的他完全不像一个精明强干的商人，更像一个顽皮的打工仔。

果然是"怪"，我心想，这很"吴光团"。

和吴光团聊天不是一件难事，他非常活泼，这种活泼不加修饰，与生俱来。在表达想法的时候，他观点分明、言辞笃定、态度铿锵，加上观点大都独到新颖令人耳目一新，他的讲话便极富感染力，听者很容易被带入。

我问："您为什么这么热衷于做餐饮？据说现在餐饮行业处于下滑期。"

吴光团喷声："人工工资太高房租太高餐馆做不下去，这纯粹是个伪命题！餐饮是一个常新不衰的行业，人人都要吃饭，怎么会做不下去？只是，未来餐饮的趋势，是用量化的标准，精确控制好受欢迎的口味然后批量生产，不是请厨子烧菜！做不下去的都是输在这一点上。"

说到"现在做企业似乎总有意识地要去培育自己的文化"，吴光团反驳："每个企业都要创造自己的企业文化，也是个伪命题！企业文化是慢慢自动生成的，不是人创造和培育出来的！文化是不自觉的！"

说到"餐饮行业是否应该追求口味的变化和革新"，吴光团再次唱起反调："这是胡闹！有些味道一百年前人们在吃，现在人们也在吃，那就是好的，要去把这一部分做精做好。要打磨自己的产品口味，而不是乱创新！"

独到、笃定、大胆，是他一贯的风格。几轮下来，很多"老常识"在他那里被判为"伪命题"。在表达对主流观点的不认可时，他并没有显露出任何急切的样子，也许是因为他自信这些观点本身就自明如镜，能够自证。他斜乜着眼，神态精彩，偶尔有一丝戏谑和防察划过。

"每次有人请我去做讲座，我就把那些成功人士的做法批评一遍，他们都在台下坐着，听我骂。"

我一面为他的率直而愕然，但另一面又觉得挺带劲儿的。

吴光团的"骂功"很出名，网上能搜到很多经典语录，指向的对象也一个比一个有名，这多少有点让人怀疑他是不是哗众取宠。但是一直以来，他在餐饮行业拥有出色的事业表现，可谓是名老辣的优秀"战将"；他的粉丝和拥趸众多，对他的商业洞见常常是称赞不绝。而更为关键的是，他的批判，虽然辛辣如钱钟书，但观点大多独到、理出有据，绝非信口开河。人们欣赏他，不是简单跟着过嘴瘾，而是看中了吴光团嘻哈的外表下的清醒和理智——他不迷信任何现成的经验和教训，敢于大胆刺破那些大而不当的口号和潦草的论断，对"套路"保持反思和批判的精神态度。

言辞犀利只是他的表达方式，也是他行走江湖的利剑，毕竟在这个温吞而又暗潮涌动的商业圈子，振聋发聩的箴言往往比不温不火的话辞更加有力。

我渐渐发现，和吴光团聊天，是件很过瘾的事，他性格耿直、感情充沛、富有表现力，能就任何话题开出无伤大雅的玩笑，能毫不费力地使气氛活跃起来。该"喷"的时候"喷"，该骂的时候骂，大笑的时候又笑得比谁都疯。我不用担心话题难以推进，不用担心尴尬和冷场。这一切对他来说不需要任何技巧，嬉笑怒骂皆在性情中。关键是，他乐在其中。

在他身上，有一种嬉皮士的作风、自由和尽兴。

匠人的精神

吴光团把他餐厅的菜品给我们端了来，小心翼翼地放下，用目光抚摸着碗里的菜蔬，认真地对我们说："尝尝，一定要尝尝，为了这道菜，我花了将近十万元的机票。"

虽然吴光团洒脱不羁，但他做起事来却像个匠人，聊起"怎么做餐饮"的时候，他脸上的认真是显而易见的。

"我不喜欢那些专注营销的做餐饮的方式，餐饮容不得炒作。"吴光团说。

他对于餐饮的态度，不仅是认真庄重的，甚至还有一点虔诚。

"牛津时刻"是一家快餐店，按照吴光团自己做的餐饮业内部分类，它是一种有别于"高端私订餐饮""酒楼""小资类餐饮""屌丝餐饮"的"小吃快餐"，他称为"小餐饮"。"小餐饮"是指消费价格在工资的千分之三到千分之五之内的餐饮，是一种专门面向都市快节奏人群的方便餐饮品种。

吴光团告诉我们，这一类别的餐饮有相当大的市场潜力，在北京、上海等大城市，这一类别的餐饮占比达到45%以上。但是当下的"小餐饮"，顾客总是风尘仆仆而来仓促吃完即走，吴光团想做的，是开一家这样的快餐店：在这里吃快餐，是件"幸福的事"。

"吃"是如此重要的生活的一部分，它天然就该是一种享受，不应该是"苦逼"的。这就是吴光团对于餐饮的爱和虔诚，它深深扎根于他对于生活的热情和信念。

那么怎么做好一顿快餐？

"口味，口味很重要，要打磨你的产品。"吴光团说。他是把味道当成产品打磨成千上万次，才会端到顾客面前，而且，在真正面世之前，还会搞一个隆重的试吃收集意见。

吴光团坐在对面，看着我们吃掉端来的几种菜品，认真询问："你觉得怎么样？好吃吗？""菜量适中吗？"在我们已经吃完桌上的菜后，他又去厨房端来一道新菜，说这道菜是他主推的，花了他太多心血。

我问："众口难调，做得受欢迎不是一件很碰运气的事吗？"

他摇头否决了我的观点。在他看来，一道菜好不好吃，具有相当的确定性。"好吃"，就像无限接近一个标准值，厨师需要慢慢尝、试、打磨、改善。"心要正，"吴光团说，"用心调制出的菜必然不会难吃。"

正是因为有这份匠人的精神，他或许成了餐饮界最"较真"的人。

为了一道牛仔骨的口味，他变身空中飞人，往来于工厂和北京。店里推出的每一份快餐，都是由他挑选功夫精湛的厨子亲自调制。研发过程反复多次，他亲自品尝"不知道多少次"，开店前期，他出的大部分差都是为了确定口味。

正是因为前期下了苦工，每一道菜在他眼里，都像自己的宝贝。

他一脸得意："我的菜不好吃，就没有好吃的。我的员工,有一个是从海底捞挖来的,他是海底捞十年的老人了。"

我拿起手中的筷子,吃得郑重。菜确实好吃,不掺假。

管理上,吴光团也像个匠人,有自己的一套心得法则。他的管理法则是:"员工第一,顾客第二,投资人排最后。"

员工第一,这是曾任洲际酒店副总裁的吴光团在多年实战中转识成慧后悟出的第一信条,"运用之妙,存乎一心"。吴光团没架子,员工在餐厅忙碌,他也在厨房和前厅进进出出,张罗上菜、招呼顾客他都照做不误。他和员工一起用餐、相互打闹、一处聊笑,穿一样的衫,吃一样的饭。"我在员工面前就是个250",吴光团开心地自我剖析。

欢脱、跃动,幽默细胞一流,搞笑功力深厚,永远有玩笑要开,永远准备好了"嗨一场"。这个很不像leader的leader就是这样执着地执行着自己对于管理的理解,他信奉员工是企业最重要的财富,相信一个欢脱而向上的工作氛围比什么都重要,此外,吴光团还会调查周围餐馆的工资水平,给自己的员工以高于隔壁的工资。"兵马未动粮草先行,员工是无形资产。"吴光团娓娓总结。

而对于自己,吴光团则显得苛刻严谨。他的一天,从早晨6点起床,跑步十公里,吃早饭再到上班,一板一眼,体现着他内在的匠人精神。这个作息他已经维持很多年,而且将一直雷打不动维持下去。

"匠人"精神是吴光团能嘻哈游世的资本。

"匠人"式的认真、执着和韧劲儿是浮躁年代里人最稀缺的东西,也是一个创业者最强大的武器。

"我从来没有失败过"

吴光团的孤高和猖狂是从他说话的语气、表情和动作里一望即知的。

他的事业经历,既复杂又辉煌,从洲际酒店到新亚集团再到华莱士,在每一段历程里他都身居高位、位处机要。转行做餐饮,是他两年前的决定,但是做到现在,已经过了磕磕碰碰摸索期,做得顺风顺水。牛津时刻旁边的"半天妖"烤鱼也是他开的。

"我开店都是一条街一条街地开"。吴光团说。

我认真地问:"你失败过吗?"

得到的回复是"没有,我没有失败过",语气斩钉截铁,眼神不容置疑,透着凛冽。

吴光团性格里有热爱扩张的一面,尤其是在他认定的价值观念上。

虽然他待人和善、知无不言,称得上是至情至性之人。但他不退让的锋芒是掩不住的。越是不拘小节的人,越有一副傲骨。

聊喜欢看的书,他给出的书单是尼采、曾国藩,前者是讲求生命力和意志扩张的哲学家,后者是扎实有节的实业派;比起浪漫旖旎的李白,他更喜欢气蕴厚实的杜甫;万千历史人物,他独爱罗马帝国的奠基者凯撒大帝。

这些人物都有相近的气质,合起来能大概勾勒出吴光团的性情标签:力量感、行动派、重体验、不屈折。

很难用世俗的成败标准去丈量这样的人。他们有些脱离主流大众的成败坐标系。他们讲求的不是企业的营销额、生意的输赢和年薪的数值，而是生如夏花、蓬勃跃动的生命力、动态的力量体验，一个大众化的"成败观"根本不是他们用来衡量自己的指标体系。

所以，在吴光团的世界里，大概是无所谓成败的，他关心的是千层万叠的经历和精彩纷呈的体会，他在乎做事做得过瘾。就像我们很难说凯撒遭布鲁图等人暗杀是一种失败，也无法说尼采不堪精神世界的重负而发疯是一种失败。他们所求的，本也不是与"失败"相对的那一种"成功"。吴光团说自己"没有失败过"，他也许也不爱谈自己是"成功"的。

其实不难想象，一个人花这么多年从一个生意新手打拼为商界大咖，怎么会没有行差踏错的时候呢，但是注重过程和追求结果本身就是两个评价体系，在这个意义上，一个人可以没有失败过。

如果非要列一些人生目标，吴光团会追求什么？

"利名义色。"他回答。

听起来不够"高大"，但却是一个很"实诚"的回答，透着"老百姓"的地气儿。

细细想来，他要的是物质—道德—艺术，一条完美的弧线，利与名是物质基础，义是精神体验，色是审美需求。人生在世，这条弧线基本囊括了人在各个层次的需求。他没有把感官和精神对立起来，他显然很有野心，都想要。

"我觉得我自己太狂妄了。"吴光团坦言道。

吴光团 2014 年初来北京的时候，对这个城市没有太多好感，做生意一向磊落甚至孤耿的他，感受到了过分商业化带来的人际中的虚诈和做作。人与人之间的欺瞒和利用，就像家常便饭那样随意自然。正如一位美国的历史学家所说，商业文明虽然精致和优雅，但却常常与德行相悖。吴光团感受到极大的不适，漂浮感很重。

因为无法和这个城市实现良好的交融，他固有的耿直和不圆滑被这座城市排斥，并且进一步放大，变得具有对抗性。

"因为讨厌这个城市的风气，我变得更加狂妄。"他说。

他确实花了不少时间，一面坚定自己的信念，一面缓和自己和世界的张力。他说，达致这个"和解"的机缘，开始认真做事，是北大带来的。

他说："与北创营同学交往，感觉到了真挚，让我抚平了焦躁，找到了初心。"

现如今，他已度过了精神上的困苦和泥泞，"来北京就是为了证明互联网不能做"，吴光团语气又恢复了一如既往的霸气。

"我这么狂妄好不好呢？"吴光团问道。

"懂得的人会知道是好的"。他自己回答。

吴光团是个有趣的人，活出了一般人不敢活的模样。他性情多面，但是真挚坦诚。说到妻子的时候，他眼里的爱意满溢，当即拿出手机打开朋友圈给我们"秀"；说起他在上小学的女儿"文笔超过全中国的小学生"，他眼里有光与骄傲；点评起当今商业大亨来，他言简意赅四两拨千斤，让人慨叹。无论与谁交往，他都眼光锐利、精准，同时又率性、纯真,不失赤子之心。

《小窗幽记》云,"性自有常,故任性人终不失性"。或曰此人。

(撰稿:刘玲斐)

李颖:随风奔跑自由是方向

创业者小传:

李颖,出生于1985年3月,北京第二外国语学院管理学学士、北京大学应用心理学硕士。自2004年起从事K12(kindergarten through twelfth grade)英语教学和教研工作,2009年起任北京西城区万星学校校长,现为万星教育科技(天津)有限公司总经理及产品总设计师。

万星教育科技(天津)有限公司针对K12在线学生提供智能线上英语学习工具。

"如果有一天万星在线上市了，李颖可以拿个大勺子去敲钟。"这是一位和万星教育创始人李颖深接触的朋友对李颖做出的点评。

每天，李颖早上提前一小时来到公司。在这里，她拥有整个商务园设施最全的厨房，她要做的，就是为团队的每一个人都备好一份阳光早餐。李颖的主创团队是一群向往自由、随风奔跑的90后，李颖带领着她们用很"不正经"的方式又肩并着肩很"正经"地在创业路上用全部热忱奋力奔跑。

提起团队，李颖满满的自豪："没有这支精诚团结的队伍，就不会有推陈出新的万星产品；没有有创造力的产品，万星绝不可能走到今天，也不可能走向未来。"

青春，一个被赋予太多憧憬与希望的词汇。接触到李颖及其团队的创业经历和状态，你会惊叹青春的活力，青春如盛火，燃烧着激情与活力；你会感叹青春的魅力：青春似江河，绽放着智慧和情怀。

一条属于万星的自主研发之路

在美国、加拿大、澳大利亚等国，幼儿园1年（Kindergarten，通常5～6岁）和第12年级（grade 12，通常17～18岁）是免费教育的开头和结尾，期间的12年被认为是基础教育阶段。"K12"与英语教学结合，指的就是基础教育阶段有针对性的英语教育模式。

自然的，K12英语教育也是一套在欧美国家提出，于欧美国家发展成熟的教育理念。比如，在新西兰、澳大利亚等地，小学生自二年级开始就会标配一个平板电脑，学校会给家长发邮件，明确规定型号、内存、键盘、耳机（能语音），以及说明需要下载的所有软件。这个平板到孩子手上的时候，基本上已经把所有的课程内容都涵盖了，成为一个靠谱的学习工具，以至于上学甚至可以不用背书包，但一定要拿平板。

在中国，基础教育阶段的设计与欧美有所区别，基础教育阶段英语教学存在的差距也十分明显。很多中国家长对于自己孩子的英语学习经常会感到困扰，一方面是自己不会教，另一方面老师又分身乏术，而一个小小的学习障碍，很可能就会夺走孩子的学习兴趣。

一次走访观摩中，途经一个教室，里面正在开家长会。老师问家长，这次孩子没听写过关的，有谁在家给孩子听写了，现场没有一个家长举手。老师叹息道："你们要知道，如果我能跟着孩子们回家，我真的很想回家辅导孩子们，但是我分身无术，所以回到家孩子们的学习就得靠你们家长来辅导了，你们得管孩子呀。"但所有家长都很无奈，因为大部分的家长没有辅导孩子学习英语的能力。

这一问题的存在让李颖长期关注，这也是她从事英语教学研究的一大出发点。迄今为止，她的英语教研从未离开过上课这种传统的方式，就是通过不断上课的方式，把自己切身融入基础教育阶段英语教与学的现实之中去感受。李颖很清楚，中国孩子的学习依然停留于原始状态，也就是所谓的"死记硬背"。2012到2014年间，她多次带领学生赴美国游学，进一步了解了与国内完全不一样的教学模式：当地学生运用手中电脑、pad做翻转课堂练习，孩子们可以轻松地用游戏的形式跟着智能系统自学读单词、读课文和练习对话，学习效率明显提升。

如何解决中国孩子面临的问题，李颖很快找出了答案：高效与智能化。两者所能带来的个性化培养，不是课上大班教学所能企及的。这有助于弥补大班教学的缺憾。引进欧美的 K12 英语教育模式，不仅能减轻家长和老师的课外辅导负担，还可能能让英语成为孩子们最喜欢的学科。

很快，李颖将这套英语智能系统带回中国，并在自己创办的培训学校里开辟了 E 课堂。在 E 课堂上，孩子们先用学生一体机自学 20～30 分钟，之后再开始老师教学。这一模式让孩子们对英语学习的态度发生了明显转变，平时那些让老师担心跟不上课程的学生，甚至是开始厌学的学生，反而对参与 E 课堂学习表现得特别勤奋。连家长都无比感慨："这个学习方式真的是救了家长，现在发现孩子现在最喜欢的就是学英语。""这更坚定了我们要研发一个适合中国孩子学英语的软件的决心。"李颖如是说。

目前，国内的很多在线教育公司，可能会直接照搬国外的软件或"好东西"。但在李颖看来，这并不是适合中国的课堂，或者是存在脱轨的。万星没有像其他企业一样"烧钱"做市场，而是踏踏实实地研究中小学英语课程安排，根据老师和家长的需求打造产品，按照中国孩子的学习习惯自主研发在线产品。这显然更接地气，万星逐步确立起了优势。这一优势不仅在于智能化方面持续的研究和研发，更多还在于产品的设计者、规划师积攒了丰富的经验。李颖自己也是全身心地投入，公司要研发一个东西，老师会不会喜欢，孩子会不会感兴趣，推广有没有前景，首先都得先过她这一关。

与此同时，万星与国内外同行保持着密切的关系，与美国、澳大利亚、新西兰等地的在线教育机构有良好的合作。现在，与万星在线教育合作的学校达到十多所，分布在天津、黑龙江、内蒙古、河南等地，李颖说，创业初期的公司面临的最大问题就是人员和资金问题，他们经历过高薪聘请的研发工程师转身离去，也承受过巨大的资金投入之后等待花开的煎熬。唯一支撑他们一路向前的就是市场的认可，半年时间内没有一所学校中途退出，从一个班的实验到全校范围的推广，智能化英语学习平台已经得到越来越多的学校、家长和学生的认可。

在万星的带领下，K12 英语教育在中国逐步有了清晰的市场，而且正在逐渐成熟，竞争也越发激烈。李颖坚信，未来一段时间，与国外英语在线教育的差距被继续缩减是完全可期的。

一次艰难但华丽的转身

李颖从事英语教学教研工作，已有十余年时间。期间，她曾有过多次的角色转变。2007 年，她决定自己创业，拥有了自己的"小工坊"；2009 年，她出任北京西城区万星培训学校校长，第一次接触管理事务，同时也涉足了从产品设计到教学管理的全领域；2013 年，她开始尝试探索万星在线教育；2015 年，她又更进一步，转让了自己创办多年的、被自己视为"孩子"般投入和照顾的英语培训学校，出任万星在线教育总经理及产品总设计师。

2015年的这个决定对李颖而言尤为不易,她自己形容为"壮志断腕"。从线下到线上,并不是突然有了一个想法而行动,而是很早就有的设想,也是从线下一步步走过来,在不断地了解、感受、总结的基础上做出的决定。比如,和美国洛杉矶名校布莱特伍德大学(Brentwood)就保持了多年合作,通过跟踪和观察他们的教学方法,得出了很多启发,她惊喜地发现:智能学习工具对大部分觉得学习枯燥的孩子来说是如此神奇。

互联网正在改变着人生活的方方面面,尤其是在教育层面,影响正愈发显现,峰值也大有将至之势,教育的互联网化势不可挡。李颖最终下定决心,将自己所从事的英语教学事业从线下完全转移到线上,同时将重心放到智能学习工具的研发之上。全力以赴创造一款好产品:用计算机和互联网提高孩子们的学习效率和学习兴趣。

谈到期间遇到的困难,李颖直言道:"一群线下的人、传统行业的人走出来说要推互联网产品,要实现目标,现实却是隔行如隔山,技术是最大的壁垒,如何管理好一群工程师也是很大的问题。如何推出一件好产品,如何去维护,确保不出问题,跨越一个行业去做,是很难的。"看了很多互联网产品之后,她总结了两个办法,一是多和工程师学,多和其他企业学,多花工夫,多动脑子,而绝不是请一个空降兵;二是亲力亲为,首先自己理出思路和头绪。

经过一年多的努力,李颖的团队已经研发出了针对小学高年级和初中学生的智能英语系统APP、PC端、手机移动端以及平板移动端，可用于英语学习的全过程。从李颖团队合作学校的数据可以看出，万星在线英语智能系统里"听""说""读""写"四个部分和基于学生心理而研发出的十几款活动都能极大地提升孩子们课前预习和课后复习的质量，学生放弃学习英语的现象越来越少，老师的上课质量也越来越高。

  2015年7月，李颖又做了一个决定：举迁天津。在这个转型的重要阶段，从创业条件和资源非常丰富的中关村转移到天津，这对当时的李颖来说是个艰难的抉择：但是如果留在北京，面对北京如火如荼的互联网行业，人才供不应求，对于要建立一个稳定做开发的工程师团队的万星来说，难以求得一席之地。

  万星来到天津，迈出了全新的一步。空港经济区和北大创业训练营天津基地带给李颖很大的震撼。她说："这里和硅谷很像，是最理想的互联网创业之地。"离北京近、交通方便、环境宜人、众多的大学、每年数量庞大的优秀毕业生等，完全能够满足万星的诉求。

  更为重要的是，李颖和她的核心团队有这样一个共识，就是她们需要一个安静踏实的创业环境。科技型企业得到了空港经济区相关部门的有力支持，办公地点的租金也很便宜。整个商务园无论是企业的建筑、公共设施的设计风格，还是街道的规划，都与国外高新企业区相近。滨海地区平静舒缓的工作生活节奏也很舒服，很有助于打造出精品企业！

  "在线教育平台落户空港经济区，还得益于北京大学创业训练营提供的完备的服务平台。"李颖介绍说，北创营提供了大量而高质量的创新创业公开课、优质的导师资源及投融资对接让他们的这些项目得以更好地生存和发展。

一片用爱温暖的心田

专注于互联网教育研发与推广的同时，李颖还在默默无闻地从事着这样一份事业。2013年，万星携手美国布莱特伍德大学，开启了帮扶贵州贫困山区学生的公益性项目。有感于一位驴友在网上发出的一封介绍贵州山区极其恶劣教学条件的帖子，万星在贵州省贵阳市大方县猫场镇发起和筹建了栋梁小学。期间，她们还得到了北京大学国家发展研究院的大力赞助。在万星的倡议下，美国的教育机构、美国的孩子们也参与到了这一项目之中，成就了跨洋的携手与跨洋的对话。

几年来，万星一直对栋梁小学进行持续的帮扶。在李颖看来，她不仅希望孩子们能够改善学习环境，更希望孩子们能够更多地看到外面的世界，憧憬自己的未来。他们在这里实践和应用自己最新的在线教育产品，分配英语老师亲自带队，免费讲解和教学在线软件的应用，同时也逐步实现着带孩子们到北京游学的承诺，让每一位孩子亲身体验到梦想中的未知世界。每一个这样的时刻，对于孩子的影响都会是深刻和长远的。

李颖还有更长远的想法，那就是希望自己和万星团队能够不断续写志愿服务的佳话，更希望每一个万星帮助过的孩子，也能够参与到她们的公益事业中来，让更多的孩子们受益。

关于创业，李颖认为，她想要做自己的事情，更多的是想自由地去实践，去发光发热。回顾一路走来的创业历程，她感慨地说："回头想想我们走过的所有过程也都是非常值得的。我想真的在用心去做教育的人，都是理想主义者，所以我想当有一天这个梦想能够实现的时候，可能就是我们人生价值实现的时候了。"

她还认为，一个创业公司，最重要的两件事情就是团队和产品。要建构好自己的团队，管理好自己的团队，并研发出好产品来。互联网行业这么多产品中，只有好产品才能生存下来。

（撰稿：李尧星）

丁捷：多种角色， 百味人生

创业者小传：

丁捷，出生于1968年5月18日，江苏云学堂网络科技有限公司联合创始人/CEO、中欧国际工商学院北京校友会理事、杉树公益基金理事、正和岛北京岛邻机构联席秘书长、中欧国际工商学院2006年优秀毕业生、《总裁读书会》特聘导师、苏州大学政治与公共管理学院兼职教授、正和辩论最佳辩手。

江苏云学堂网络科技有限公司成立于2011年12月。作为企业培训全面解决方案服务平台，云学堂将领先的互联网技术和人才培养理念应用到企业的人才培养和发展中，切实帮助企业客户提升人才价值，助力企业成功。云学堂独创企业人才发展服务的BaaS模式，通过"软件平台、课程服务、课程创作工具、运营服务"等维度，提供专业的企业大学整体解决方案。云学堂乐才倡导"一家企业就是一所大学"理念，是云学堂BaaS商业模式落地的代表产品。

从老师到 CEO，从下属们口中的"丁丁"到女儿眼中的闺蜜，丁捷的人生，从来不固着于同一种角色。对她来说，在各种角色间游刃有余，是一种享受和调剂。

从小课堂到云学堂

从北京师范大学数学系毕业之后，丁捷遵循着普通师范生的道路，在一所普通的中学担任数学老师。中学教师，在 20 世纪 90 年代初是一个铁饭碗，然而丁捷很快发现了程式化的职业中隐藏着的磨人的无趣。生来不甘于安稳平淡的她，毅然辞职下海，凭借自己的专业能力，在北京一家信息工程公司担任销售。此后几年间，她逐步成为比利时巴可公司的大中国区总经理，接着又在北京全时商务通信服务有限公司担任了五年的 CMO。多年外企工作的经历让丁捷得到了诸多收获。一方面，多年的销售经历让她掌握了与各种各样的人交往的秘诀，她能在短时间内理解客户的需求。另一方面，外企培养人的方式让她看出了一些门道："外企给了职员职场化的教育，小到邮件怎么写，大到职场礼仪、职场规则。"这和中国的企业有很大的不同。

2013 年，丁捷意识到了自己职场的瓶颈，触摸到了在企业谋职的天花板，一番思索后，她决心回到老行业去闯荡：重拾传道授业解惑的事业。然而这一回，她不再是在四四方方的教室里，对着一群孩子指着黑板上课。她有着更大的野心。那一年，丁捷以"云学堂"CEO 的身份重新起航。

对丁捷来说，当老师与当云学堂的 CEO 是别无二致的。

两种生活在本质上都是创造价值。而现在她所做的事情，在别人看来是创业，但"回归到商业的本质，我还是在创造价值，我还是在帮助人、帮助企业"。

云学堂面向企业与企业人，提供职场人所需的学习帮助。在互联网勃勃发展的年代，他们把握住这个最核心的因素，通过互联网为企业提供培训平台、课程资源及培训体系；为职场人创造机会，以获得职场人脉、学习职场技能、获得更好的工作；同时为各类培训机构发展企业客户，获得线上平台转型、实现O2O的目标。

目前，云学堂的核心产品包括企业大学、乐才、机构网校、小纸条、会汇、学习商城、炫课等。与传统互联网教育企业最大的区别在于，云学堂基于市场需求做产品，基于用户痛点做解决方案，培训机构、消费者需要什么，云学堂就提供什么，完全以用户为导向，而不是以产品为导向。在云学堂的网页上，有时候会出现尚在开发的项目，这些项目既然未开始但为何要列出来？"通过点击率，就能发现用户对什么样的项目感兴趣，从而帮助我们做决策。"丁捷解释。从客户到服务，云学堂坚持自己的原则和策略。

从离开教育行业，到如今回归教育行业，丁捷似乎从未将自己当作老师，然而她身上始终有一颗助人育人的赤子之心。回忆当初离开三尺讲台，她说她从未后悔，反而感激当时家里人的支持和自己不顾一切的勇气。而今创办云学堂，或许正与当初离开讲台时心中深埋下的执念有关。

真诚的学习者

丁捷从不掩饰对人才的钦佩，开创了"云学堂"的她，在提供教育资源的同时，也很乐意强调自己的"学生"身份。学习为她提供源源不断的能量，使她在线上教育平台这样一个跨越多个领域的行业中，坚定了自己的发展方向。

不满足于自己本科的数学理论学习经历，工作期间，她去中欧商学院攻读EMBA，毕业时获得了"优秀毕业生"的称号。也是在这里，她认识了自己的合作伙伴。云学堂的多位核心高管，都是来自中欧商学院；而今云学堂的董事长卢睿泽，也是她在中欧商学院的同学，两人一同创办了现在的云学堂。

对于合作伙伴，丁捷的观点是，目标要一致，但是擅长的领域应当各有不同。"在公司开办的初期，重复的资源反而是一种浪费。"卢睿泽是具有十几年软件从业经验的专家，在战略上具有极高的见解；而丁捷在教育行业和销售上是佼佼者，两人优势互补，一拍即合。

她曾在其他访谈中说："云学堂的合伙人团队是一个'组合'，大家都非教育行业出身，有从事IT、HR、互联网的。我们试图用这种跨界的概念来看企业学习的市场。"这种观念使她正视自己的优势与缺点，在与伙伴的学习中共同理解市场、理解用户、理解互联网时代。

来到北大创业训练营，丁捷最初的意图是向老师和同行们学习，同时也是圆自己的梦。"我跟北大也是多次地擦肩而过",她回忆起过去的遗憾,又感到自己的幸运。高中的时候她与所有的学生一样,将北大、清华这样的一流大学作为自己的目标,但因为在全国的数学竞赛中获了奖,被保送到了北师大,就与北大错过了。1996年她考上了北大的 MBA,但又突然怀孕,于是又一次错过了在北大学习的机会。2004年,丁捷考上了北大的 EMBA,也拿到了录取通知书,却在这时被供职的公司派遣到德国工作三个月,第三次与北大擦肩而过。

来到北创营的丁捷,终于与北大结缘。她真诚地对北创营的理念表示赞同:"以公益的性质帮助更多的创业者成功,这与我创业的理念是一样的,我也是希望帮助更多的创业者。"从北大的老师身上学习更深入的商业理念,与创业的同行们一同讨论、思考,丁捷一直在学习的路上。

云学堂的建立,也正是她学习理念的产物。它所提供的学习课程或学习工具多种多样,常识类如安全乘梯须知、网络词汇测试,技术类如 html5 课件制作、全媒体集成设计、office 办公,管理类如绩效与薪酬管理、冲突管理,营销类如营销战略、互联网营销等。"不断学习",这是刻在丁捷心上的字眼,同时也是企业背后的核心。

同事们叫她"丁丁"

多年来在多处打拼的经历,让丁捷身上沉淀下一种亲切的真诚。她身上的气质,不像一位管理着一家企业的老板,更像是一位认识多年的朋友。她常说自己不是 CEO,

而是人力资源总监，因为"企业的发展中，人就是核心竞争力"。如何用人，如何用好人，在摸索中，丁捷有自己的办法。

在与其他企业的交流中，丁捷发觉，很多企业老板都存在与90后员工的沟通障碍。"很多人都说，80后老板与90后员工沟通难，70后老板与90后沟通是难上加难。"丁捷说。然而她对这样的说法却不以为然。企业的关键是用人，而要用好人，首先要了解人。想要用好90后，首先要了解90后。

观察丁捷与90后下属们的交往，很能看出丁捷在用人上独特的心得和体验。她的公司善于接纳新人，有很多90后，在她的眼里，这些90后的孩子既特别又宝贵。"他们不惧怕权威。"她很看重他们对权威的漠视，以此挖掘他们身上的潜能。她坦言从90后身上学习到不少东西。

她发现，90后很在乎荣誉感。因此，当一个人有所成就时，公司都会有所回应，给予他们鼓励。当一个人的业绩超越其他人时，全公司的人都会向他表示钦佩，无论他的职位高低、年龄大小、资历多少。丁捷提到"游戏化的激励"，有成就者会在公司里被"膜拜"。例如同事们平时言语间会说"×××曾经说过"，这个名人式的口吻常常用在公司的突出表现者身上，这对所有人来说都是一种新颖的动力。

在丁捷的公司里，大家不以"某某总"来称呼高层，她直言："称呼'总'是什么概念，就是你比我高嘛。"代替这些陈旧称呼的，是公司成员之间互相调侃的昵称。丁捷在公司的昵称是"丁丁"，这是一个简点明脆又带有些

"萌感"的名字，但更重要的原因是，大家都觉得她很像比利时漫画家埃尔热笔下那个爱冒险的丁丁。

丁捷也会和下属们一起以"XX哥/姐"来称呼某个同事，只要他在某个领域"很牛"。她提到公司里90后的"杰哥"，眼睛里满是赞许与钦佩。她深信他人能够为自己带来能量，他人的优秀意味着自己的优秀，意味着公司的优秀。公司的文化往往就体现在人际关系、层级关系上，而打破层级之间的藩篱、营造平等的人际关系，正是丁捷管理公司的一个诀窍。这样下来，"公司没有层级，每一个人都要为公司负责任"。

与90后们的朝夕相处，丁捷渐渐找到了乐趣，与他们打成一片。而她企业家的眼光，又看到其中的商业价值。去年，《一招三式管好90后员工》《90后组织的战略必修课》《用90后思维领导90后O2O项目》等课程在云学堂的网站上正式上线。这是云学堂与《轻有力》作者"Leo叔叔"韩庆峰合作的一个项目，目的就是为了帮助企业更好地管理90后员工。这个项目反过来又给了丁捷更多的启发。

是母亲，更是女儿的闺蜜

尽管工作很忙，丁捷不得不压缩自己的睡眠时间，但是与家人相处的时间却不能被挤压。丁捷认为家庭中的角色承担不好，更无从去谈及管理企业。丁捷有自己的"家庭时间"，比如晚上十点之后，或者周末，这时候她与家人或出游，或聚餐，或聊天，无论什么工作，都要往后放一放。

"创业对女性来说是挑战,但是女性有资本、有能力去承担这样的工作。"丁捷毫不掩饰自己作为女性对女性领导力的肯定。她认为,在家庭与职业关系的处理上,女性其实是有优势的,当然女性也不得不去面对职场上不可避免的不平等现象。但最重要的是,"女性不要自己把自己的思维束缚了,每个人都应该发挥自己的优势",因此不要因为女性的身份而有所迟疑。

作为女性领导人的代表人物,丁捷对自己女性的定位很清晰,而且明确地知道自己应该承担怎样的责任。谈企业的时候,丁捷是自信而富有魅力的企业家。而当谈到自己的女儿,丁捷的神态显然更放松、柔和。她有一个90后的女儿,近三十年的差距,却没能拉远母女二人的距离。女儿评价她:"比我这个90后更像90后。"

这一对平日里一起逛街、玩游戏、看电视剧的母女,在趣味、目标上都彼此相投。女儿在成长过程中会向丁捷倾诉秘密,在女儿的眼中,这个"闺蜜"显然是贴心又有经验的倾听者。有意思的是,丁捷还曾经和女儿躲在一起研究如何回复小男孩的情书。"母亲的角色是引导。"她解释道。她也会与女儿一起就现实生活中的某种现象做思考和讨论,比如遇到乞丐该不该给钱的问题,就曾经开启了丁捷和女儿关于善恶界限的讨论。

她很乐意与记者分享女儿成长过程中的趣事,尽管已经过去了十几年,很多事情依然历历在目。女儿幼时学游泳曾一度因为害怕而放弃,丁捷明白,"她这时候表现出的是内心的恐惧,我作为母亲一定要帮助她战胜这种恐惧,否则对她的性格会有很大的影响"。于是她在女儿的第二次游泳课时，上午上班、下午请假，陪女儿一起渡过这个难关。她亲自送女儿到学校，"到了学校我就走，她一看，没什么希望了，就硬着头皮去学"。这一个季度的游泳班，丁捷大多数时间都在后面观察女儿的动向，见到女儿放下恐惧，并在最终学会了游泳的时候，"我真的能够感觉到她胜利的喜悦"。她通过这件事也告诉女儿，事前做选择要慎重，"但如果选了，就必须认真坚持到底"。

与女儿斗智斗勇的过程，在丁捷心中始终是与女儿最亲密的记忆。在这般相互鼓励中，女儿也渐渐像她一样独立、勇敢。女儿曾经告诉她："我的梦想不会通过你来实现，我的梦想我自己能实现。"这让她尤其自豪。"或许以后她不会和我一样选择创业，但是她有勇气不依靠任何人实现自己的梦，这就够了。"丁捷笑着说。

从学校，到外企，到现在的创业，丁捷走过的每一个脚印都在她身上留下了印迹；当CEO，当"丁丁"，当母亲，丁捷承担的每一个角色都是她生活中鲜亮的颜色。传统教育下积累的经验，让她深知教育行业的重要性；身为母亲与女性的敏感和温和，让她在家人与同事眼中都充满了温度；而对互联网的深刻观察，使她能够以全新的形式最大限度地挖掘传统教育模式的优点，从而达到新与旧的完美共赢。

谈到北创营，丁捷说："北创营的学习给我最大的感触是，如何创造共赢的局面？每个创业者和创业企业都有自己的特色资源，那么这些资源的交换和整合将创造出更多的能量，一起走向成功。北创营依托于北大的知名品牌和北大人社会责任感召下的公益精神，以公益的方式帮助中国的创业者和创业企业成功，这和云学堂的愿景以及使命是相默契的。"

（撰稿：江禾）

胡文波:创业,创新

创业者小传：

胡文波，出生于1967年12月，江苏扬新生物医药有限公司董事长、北京扬新科技有限公司董事长、张家港市政协委员、张家港生物医药专委会秘书长、张家港市侨联委员、张家港经济开发区侨联副主席、北创营全国二期班优秀营员。

1999年获卫生部科技进步三等奖（第一作者）；组织研发国家一类创新药物一个（目前已上市销售），主持国家863创新药项目和北京市科委生物医药项目各一项，主导研发新药近20项，申报新药发明专利十余项（已获专利授权4项），研发诊断试剂品种30余项（申请发明专利6项）。2013年以来，先后获得了"张家港市领军型创新创业人才"，2014年"姑苏创新创业领军人才"、2014年江苏省"双创计划"人才，2014年荣获第二届中国江苏"创新创业大赛二等奖"。

江苏扬新生物医药有限公司（旗下北京扬新科技有限公司、南京扬新生物医药有限公司）是一家高科技企业，主要从事心血管和肿瘤的诊断产品和健养产品的研发和销售，以及提供精准的健康管理服务等。

作为当期"北创营"年龄最大的两个学员之一，胡文波给我们的印象却是异常的"年轻"。她的年轻不仅体现在她的活力上，更体现在她对年轻人的尊重和对新事物的好奇上。

医学科班出身的她一直与医药行业结缘，从监管者、企业高管到创业者转换了多个角色。对于胡文波而言，这次创业有两个最重要的意义，其一是研发生产真正的好产品解决患者的实际问题；另一个意义则是真正从医药行业做起，从"中国制造"转变到"中国智造"，将高质量的中国医药产品卖到美国和欧洲去。

矢志创新：从硅谷归来的创业旅行

胡文波始终相信变化和创新的力量。在胡文波看来，大到国家发展，小到城市兴衰，都离不开创新与变化。美国之所以能够成为世界强国，与其移民国家的背景息息相关。正因为是移民国家，美国才能够打破旧制度的禁锢和束缚，在一张白纸之上作出相对更加合理的制度安排。我们的邻国日本、韩国之所以能够迅速成长，其中很重要的原因之一也是两国大量将优秀人才送到海外接受最先进的教育而又使其归国服务于本国。深圳之所以能够迅速成长成为国内屈指可数的一线城市，也与其没有背上太多的历史包袱能够轻装上阵有关。

从产业发展的角度看，胡文波同样坚信创新对于一个国家产业发展的重要性。我们国家早已经成为世界工厂，但胡文波认为这并不是长久之计。环境的污染已经让我们开始看到了代价，产业结构的升级转型迫在眉睫。医药行业作为典型的高附加值产业和朝阳产业，显然是一个不错的选择。

胡文波从小有一个成为科学家的梦想，选择药学作为大学专业也与此颇为契合。但从上海医科大学药学院毕业以后，她最先是进入了国家卫生部食品药品监督管理局之中国药品生物制品检定所（以下简称中检所），成为一名监管者，并且一路做成了中检所当时最年轻的处长。

大约是觉得作为监管者参与到医药行业的发展进程多少还是有些"隔靴搔痒"，当1999年参与研发上市抗肿瘤类新药的机会来临时，胡文波选择了从中检所辞职。辞职的时候中检所的人事部门同事非常诧异，对她说："这么多年以来，处级干部辞职的，你还是第一个。"胡文波当时也不是没有过彷徨："万一工作做不好怎么办？万一工作不顺利甚至不能养家糊口怎么办？"但新工作机会的诱惑实在巨大，这既是最难的抗肿瘤疾病领域，又是基因工程这样新兴的话题，从小有着科学家梦想的胡文波最终还是选择了离开中检所，加入了上海三维生物医药有限公司（以下简称上海三维）。

在上海三维平稳地度过了三年，推动了新药的研发、上市、生产成功后，恰逢有投资人找到胡文波，表示愿意提供投资，胡文波决定开启自己的创业旅程。正是在2002年之后的三年中，胡文波接触了许许多多、形形色色的国内外医药企业。在这样日常的接触中，胡文波一方面意识到中国医药企业在许多方面已经进步很大，但另一方面确实与美国这样的医药领先国家相比差距还十分明显，她渐渐萌发了希望去美国学一学、看一看的想法。此时国家863计划恰好有个注射用长春瑞滨纳乳剂项目，要去美国申报临床，胡文波主动请缨，希望到美国"硅谷"去工作。

在美国期间，胡文波一方面有机会接触到美国社会的各个方面，包括生物医药行业的发展与布局等；另一方面也从文化上有了进一步了解。胡文波至今都还记得的例子是当时她主动帮助同一实验室的老太太倒垃圾，但老太太知道以后不但没有感谢反而非常不满她的做法。因为在美国人的观念里，年老并不意味着不能自己做自己的事情。在这种观念的影响下，年近四十岁的胡文波的观念也渐渐开始变化。在中国人的眼里，四十岁很可能已经是中年甚至开始步入老年的阶段。但在硅谷生活了几年之后，她觉得四十岁可以做的事情还很多。尤其是当时胡文波在硅谷的家就在以创业氛围闻名的斯坦福大学旁边，周围分布着许许多多的世界级信息公司巨头，她更是深受鼓舞。2012年，她决心回国进行再次创业，创办江苏金标世纪有限公司，用实际行动推动中国创新。

三军齐进：保健、预警与诊断试剂

今天，金标已经是研发与生产相结合、初具规模的企业了。金标的快速诊断试剂生产车间，已经完成了十几个项目的研发和生产。

从根本上，胡文波是"保健""治未病"观念的忠实拥趸者。反映到产品线上，胡文波的公司最主要的业务领域有三块：保健产品、预警体外试剂与诊断试剂。

保健品所需的研发时间相对最少,也是金标世纪最先走向市场的产品。目前的保健品主要有三款,其中两款胡文波非常满意其自主创新的属性——分别是"氨钙D"泡腾冲剂和净芝牌足美膜。"氨钙D"泡腾冲剂,顾名思义是一款补钙的产品。骨骼疾病是需要"治未病"的典型——虽然疾病症状(疼痛感等)往往是老年才显现出来,但由于天天消耗,人体其实需要在三四十岁甚至更早就开始进行软骨和钙的同时补充。胡文波的补钙产品与市场上其他产品相比,在剂型上有巨大区别,在配方上也有创新。市面上流行的补钙产品通常是片剂,研究表明大钙片吃进去以后往往吸收效率比较低(通常只有约10%~20%能被吸收),还容易形成结石。胡文波团队研发的补钙产品采用了泡腾冲剂的剂型,她相信相比其他产品有着更加良好的吸收效率和总体更佳的疗效。

消费者的反馈似乎也在证明胡文波的观点。金标世纪所在园区的一位领导,在第一次会见胡文波时,虽然是夏天却戴着非常厚重的护腰。胡文波敏锐地发现这一点以后赠送给这位领导"氨钙D"泡腾冲剂,并且立下"军令状":拿回去吃三个月,没有效果回来找我。三个月以后,这位领导的情况果然大为好转,甚至带着他的妻子来胡文波处"求药",想治疗妻子一直以来的手部疼痛问题。胡文波在药监系统的老同事们,在接触到金标的补钙产品以后也成了忠实拥趸者,还不断介绍新的朋友来购买。

受此鼓舞,胡文波在保健产品的营销策略上也没有选择传统的药店渠道进行渗透,而是建立了名为"微创客"的消费者忠诚计划。这一计划鼓励消费者向亲朋好友推荐金标的保健产品，成功以后可以获得相应的奖励。对于胡文波而言，一方面是她相信自家产品的价值，通过朋友推荐能够帮助更多的患者；另一方面，与其把费用投入到没有特定受众的广告之上，不如用于回馈消费者。

金标世纪的第二大产品领域是心肌梗塞早期预警试剂。随着生活节奏的快速化，我国由于心梗导致的猝死案例越来越多。但事实上，心梗导致的猝死是完全可以预警和干预的——猝死的直接诱因往往是过度疲劳，但疲劳并不马上导致猝死，而是有一个积累的过程。胡文波的这款心梗预警检测试剂就是起到这样一种作用：当人们感觉到身体疲惫，有一些不好的征兆时，就可以使用这款产品。其使用方法与常见的血糖仪非常类似，只需要扎一滴血采样，就可以很快看到检查结果，从而起到预警的功能，避免猝死的发生。后续胡文波还准备将这款产品与时下流行的在线问诊软件相结合：当通过预警检测试剂看到初步的检测结果后，可以第一时间通过手机软件获得相应的医生建议。

第三大产品领域是肿瘤和心血管疾病的诊断试剂。市面上目前主流的基因检测试剂通常是概率的分析,胡文波介绍道,其结果往往体现为某部分器官组织有 50%～70% 的概率会患上癌症,从而导致这部分组织被切除。但这毕竟只是概率,有的时候可能并没有切除的必要。胡文波团队正在研究的这种诊断试剂,希望通过早期的标记物来明确肿瘤的发生,在已经发病但还没有症状的时候发现病症,而不是只检测出概率。未来,团体将面向医院检验科提供这类产品。

综合三大领域可以看到胡文波团队所研发产品共同的特点:从保健做起,最好是治疗"未病之病";身体真的有恙之时,最好能够通过诊断试剂提前知晓并采取相应的措施。从另一个角度而言,胡文波始终追求创新,不管是配方、剂型还是更基本的作用机理的创新。对她而言,即使只是保健产品,她也要做最好的保健产品,"超过美国、欧洲的产品,卖到美国、欧洲去"。

理想与意义:解决患者的实际问题

相比其他很多创业者,胡文波创建金标世纪公司的过程可谓顺风顺水。一方面,胡文波在 2012 年创建金标世纪时已经有比较扎实的物质积累,子女也已长大成人,没有那么急迫的物质需求。另一方面,更重要的是,胡文波的投资人往往也是他们产品的消费者或者"粉丝",都是使用过或者给家人使用过胡文波团队的产品以后真心认可其价值的人。这种对产品本身的信赖转化为对胡文波团队极大的信任和支持，以至于到现在为止胡文波都没有做过所谓正式的融资——她的融资方式，往往只需要融资时告知有投资意向的投资人大致需要融多少钱、对应多少股份就完成了融资。

当地政府对于创业创新也表现出了极大的支持。在基础设施上，政府投资了数千万元购置基础设备供园区的医药产业使用；在后勤保障上，也经常主动询问创业者是否有困难。当然，美中不足的是，江苏省的生物医药产业相对集聚，造成了上市申请的集中，而监管机构的审批力量在创业者看来还有待加强。

对于创业者而言，胡文波认为最重要的两个品质一个是诚信，另一个则是坚持。尤其是对于医药研发这样长战线的工作而言，更是需要坚持、坚定地一步一步走下去。对她而言，她的坚持就是要坚持研发生产能够解决患者实际问题的药品，以及要做出真正属于"中国智造"的产品，销售到西方市场去。

这也是胡文波带团队的哲学，她特别注意培养公司年轻人关于解决患者问题、创新创业的理想。虽然胡文波也提供与当地其他公司相当的薪资水平，但是他们公司的员工一周需要工作六天。所以一方面她要推行员工持股，保留真正认同公司的理想、愿景的员工成为公司的股东，为共同的事业而奋斗；另一方面，她也特别注重员工的培养。作为一个高速成长的创业公司，未来会有许多的高管职位，胡文波计划大部分要从公司内部培养。因此，她在日常工作中非常注意对员工的言传身教，从日常生活到工作管理都要进行培训。

在北创营，胡文波认为她最大的收获就是创业的激情。她本来就对医药产业、对科技创新抱有极大的热情，北创营使之得到了进一步的激发。她至今还清晰地记得，当时的第一堂课是俞敏洪主讲，非常有激情，鼓励各位创业者要有家国情怀。胡文波当时深受感染，还专门录音，带回公司与年轻人分享。这件事也更加坚定了她自己在创业创新这条道路上走下去的决心。北创营带给她的另一个收获是认识了一批志同道合的朋友，现在都还经常联系，甚至第二轮融资中的投资人也有部分是通过北创营结识的。

带着这份激情，和对科技创新的坚定信念，胡文波和她的团队在创业创新这条道路上一定能走得很稳、很远。

王宇：既然选择了前方，必定风雨兼程

创业者小传：

王宇，出生于 1972 年 5 月，现任上海宇昂水性新材料科技股份有限公司董事长。同时担任全国功能高分子行业委员会秘书长、副主任专家委员，水溶性高分子产学研联盟秘书长及全国水溶性高分子研发中心主任，《中国水溶性高分子》主编。系国家"万人计划"科技领军人才、2016 年度中国创业榜样、PVP 国家标准撰写人、上海大学材料学硕士生导师、中国石油和化工行业优秀民营企业家、科技部创新行动计划创新创业人才、上海市十大青年创业先锋、张江优秀人才、浦东经济年度人物十五强、创业中国年度创新人物、北京大学创业训练营全国班 4 期学员。

第一次见到王宇，不太能把他与企业家的身份联系起来，他发型飘逸，手拿一册诗集，倒是更像一名艺术家、文学家。

王宇是上海宇昂水性新材料科技股份有限公司的创始人，是一位在张江高科技园区奋斗的"诗人企业家"。他所带领的团队立志做中国水溶性高分子的航母，专注于水溶性高分子领域研发、生产及应用。

可能大家对水溶性高分子这个名词比较陌生。通俗来说，水溶性高分子就是一种特殊的可以溶于水的高分子材料，它本身最佳的特点是无毒无害，绿色环保，而且可以自然降解，能够替代已有的有污染的材料，如石油化学衍生物，同时能够治理它们的污染，是一种环境友好型新材料。

在科学实践中，水溶性高分子的应用范围很广，在世界范围内受到越来越多的重视。水溶性高分子的发展对能源生产、环境保护、循环经济都能起到重要的作用。中国已成为水溶性高分子的生产大国，并以每年30％以上的速度增长，显示出巨大的发展潜力。但在十年前，王宇准备投身这一领域的时候，我们还只能在某些国外文献中看到水溶性高分子这一概念。

因梦想而创业

王宇大学毕业后并没有立刻创业，而是在一家体制内单位过着上班族的生活。但一个有梦想的人天生是不安分的，面对当时水溶性高分子的发展，他看到了机会，决定利用自己所学，在这一领域内有所作为。

当时，王宇放弃了安逸的生活投入创业。王宇的朋友听说后都觉得他疯了。面对同学的玩笑与议论，王宇用自己写的词回答了他们的不解："激昂如斯，英雄天涯自沦落。从来壮志未酬，何须书生意气，韶华忍蹉跎。借得青云力，换得旧河山。"

旧河山指的就是水溶性高分子领域已被德国和美国瓜分殆尽的现状。中国在这个领域才刚刚起步，王宇就是要让中国的水溶性高分子发展为世界第一，能够与德国的巴斯夫、美国的 ISP 这些行业顶级企业同台竞争，让这种绿色环保的材料更好地为中国的发展作出贡献。

但是，光有诗人的浪漫主义，并不能让中国摆脱该行业薄弱的基础，王宇有着深厚的学科背景，作为中国最早一批跟着学科带头人严瑞瑄教授研究水溶性高分子的人，在这个领域的天赋和刻苦，让他的导师意识到，王宇一定会取得成功。

既然选择了前方，必定风雨兼程

刚开始创业时，王宇因为自己的学术背景，有一些资源做铺垫，便一边做贸易一边做研发，以滚雪球的方式发展积累。第一笔订单是销往巴基斯坦，经验和客户慢慢积累了，到了 2008 年上半年开始有了起色，但危机却不期而遇。

2008 年，美国金融危机迅速扩大，下半年就波及了王宇的企业，当时美元贬值得厉害，跌幅 20%。这对一个小型出口企业无疑是沉重的一击，加上国外公司取消的订单，企业共损失了百余万美金。彼时，王宇还以为这不过是企业发展中的一个挫折,没想到还有更大的危机在虎视眈眈。

因为危机来临,王宇幻想通过更拼搏的状态去挽回损失。没有任何休息,王宇奔波于欧洲、美洲与澳大利亚的客户之间,在去澳大利亚的时候,他感到喉咙剧痛,进而引发全身难受,但王宇没办法休息,企业、伙伴、未来、梦想……对,尤其是梦想,容不得他停下脚步。带着病痛,王宇在悉尼、墨尔本、布里斯班用自己的专业技能,赢得了包括澳大利亚最大的药厂和化妆品厂的合作意向。

回国后,王宇一下子病倒了,透支的身体在一个多月前就发出了警报,在王宇置之不理后,身体报复式地停摆了,高烧43度,一周不退烧,烧得眼睛血红,全身打摆子。雪上加霜的是王宇又因外伤打了破伤风针,导致严重过敏——全身过敏性荨麻疹加亚急性甲状腺炎。

理工科出身的王宇并不知道这个让自己全身打摆子及皮肤剧痛奇痒的病症,在医学上会发生昏厥和休克。熬不下去的王宇在半夜开车去了仁济医院,急诊医生检查之后说:"你这个太严重了,而且可能引发其他更严重的并发症,我们治不了,你需要马上转院到华山医院。"急诊医生准备安排急救车送王宇转院,王宇摇摇头,"我自己去,我自己去"。王宇不能跟陌生的急诊医生解释,是因为自己没有钱,是因为公司账户只有两元钱。王宇打着双闪驾驶在高架桥上,王宇开始感觉到了呼吸困难,大口大口地喘着粗气,尽管车里开着空调,但很快汗水就浸透了衣服,王宇的思维变得有些模糊,他没有料到,这是死神狞笑着向他张开了怀抱,求生的本能让王宇不断提醒自己:"坚持住,我不能死,还欠一屁股债呢,不能给别人添麻烦。坚持住，壮士未酬，绝不能身先死。"渐渐的，王宇失去了知觉，一下子栽倒在方向盘上。醒来的时候，已经是凌晨五点，王宇首先庆幸的是，自己竟然能在丧失意志之前，把车开到了路边，没有影响他人的安全。这是不幸中的万幸。

在华山医院，医生立刻下达了病危通知书。经过一周抢救，王宇奇迹般地活了过来，医生都认为王宇能活下来是生命的奇迹，王宇几乎心源性猝死，但最终竟安然无恙。不过，他不得不住院三个多月，因为连续服用激素，王宇迅速变胖，变得自己都认不出自己。

命运仿佛是个促狭的顽童，他喜欢把无助的人类玩弄得死去活来。就在王宇的事业跌到谷底的时候，爱情也离他而去。

出院后，王宇数次徘徊在黄浦江畔，这几年创业中的各种艰辛都一一体验，可得到的却是"人单影孤和身心俱疲。也许，江水就是我最好的解脱"。一向乐观的王宇想到了自杀，但是，每当自己走在黄浦江畔。自杀的念头如影随形的时候，就会有另外一个声音在气势磅礴，"你的梦想呢？你的世界第一的梦想呢？"那是谁的声音？是老师的？王宇寻找着答案：是自己内心的！

现实的困难和梦想的坚持，彼此缠绕绞杀，最终还是梦想坚持到了胜利：自己和企业都需要救赎，在企业的发展过程中，别人倒下而你还活着，就是赢了。经过团队的的不懈努力，也由于当时澳大利亚及其他市场的开拓，宇昂科技起死回生。

成为国标制定者

2009年下半年,由于此前的积累,企业迎来了新的发展,产品出口到以欧美为主的全球五十多个国家,跟世界知名药企展开了密切的合作。但王宇始终没有忘记"世界第一"的梦想,作为高科技企业,研发才是核心。

宇昂科技把很大一部分收入投入到实验室里面,"不做研发我很赚钱,做了研发就很穷,但是这笔钱必须要烧下去,因为科研的领先要靠实力、经济、财力去烧出来的"。

一流的企业卖标准,二流的企业卖品牌,三流的企业卖产品。王宇忘不了面对国际巨头时,他们所呈现出来的傲慢,因为世界上的标准已经由他们制定了,而中国还没有相应的标准,要制定能够与他们抗衡的标准,就算是从0到1,也要坚持下去。

经过多年的历练,宇昂科技作为全国功能高分子行业委员会秘书处所在单位,凭借多项具有领先水平的自主知识产权的技术实力,受全国功能高分子行业委员会的委托,完成了PVP全部系列产品的国家标准及行业标准的编制任务。此举是中国打破巴斯夫、亚仕兰等世界巨头在水溶性高分子PVP领域长达六十多年垄断的重要工作,对中国乃至世界的水溶性高分子领域来说,都是具有历史意义的。

2012年的时候,国家证监会的领导,到宇昂科技去拜访,这是张江高科技园区唯一被拜访的一家。因为水溶性高分子过于专业与偏门,来宾中有人提问:"怎么证明这个水溶性高分子溶液是绿色环保的呢?"几十人的眼光全都投射到王宇的脸上，王宇想了一下，露出笑容，快步走到桌前，拿起容量杯，把杯中的溶液一饮而尽："这就是绿色健康的。自己做的东西，虽然不是食品，却可以喝下去。"掌声雷动。

王宇继续介绍："大家都知道，现在中国的环保是个非常大的问题，实际上从我们专业角度讲就是三方面：一，废气的污染。最突出的表现就是雾霾，现在北京的雾霾天气众所周知。二，污水处理的问题，也就是废水。第三个还没有爆发，但实际上是大家都知道的土壤重金属含量超标/修复问题，我们叫做废渣。这三个领域的治理都需要水溶性高分子。"

仰望星空，坚持梦想

王宇一直坚持着自己的梦想，如今，宇昂科技公司已经成为上海市高新技术企业，全国功能高分子行业委员会理事单位，秘书处所在单位，水溶性高分子PVP国标撰写单位。2012年12月20日宇昂科技公司挂牌新三板，成为上海市首批新三板挂牌的企业。而他自己也已经成为全国功能高分子行业委员会秘书长、"上海十大青年创业先锋"及"创业中国年度创新人物"。但在王宇看来，这些成就只是"世界第一"这个梦想的必经之路。王宇天生属于仰望星空的人，他追求的事情，再苦再渺茫也会坚持。

创业感言：

高山仰止水流长，北大修习著华章；

未若创业费思量，般若乾坤任飞扬；

借得丹青三百丈，谱却洁傲一米光；

今向燕园豪天放，觥筹怒罢写激昂。

（撰稿：史金明）

陈璐：成事亦成人

创业者小传：

陈璐，1977年5月26日出生，天津雾净环保科技有限公司创始人、董事长兼总经理；天津市可持续发展研究会理事。

2014年陈璐创立的天津雾净环保科技有限公司，以"创新改变环保"为公司理念，主要从事气体净化技术和设备的研发及产业化，致力为客户提供最佳气体净化处理方案。公司项目进入第一批"天津市节能环保领域科技产品和先进技术汇编""泰达创业大赛32强"，并进入"天津市创新创业大赛"决赛。

采访陈璐，是在北创营天津基地的一间会议室。会议室的墙壁、桌子、椅子都是素雅的白色，屋顶吊得很高，玻璃门外，阳光忽明忽暗，蝉声时断时续，整间屋子显得高阔而透亮。陈璐推门进来，身材高大，笑容恭谨，微笑着和我们点头打了个招呼，也不言语，自己拉了一把椅子在对面坐下。他将双手交叉放在桌前，姿势端正如小学生。

认真，是陈璐给我的第一印象。

创业，就是做成一件事

陈璐其实很不像那种典型的创业者。

典型的创业者，正如近年来媒体塑造的形象，大都面孔年轻、斗志昂扬，野心和侵略性都写在脸上。这些标签，陈璐似乎都不符合。或许是陈璐年龄稍长的原因，他整个人的气质含蓄内敛、老成持重，说话和行动中都透出安静和温和的气质。如果非要找个词来形容陈璐，"稳妥"可能更合适他。

"我不是创业新手了，"陈璐自己坦言，"做气体净化算是跨行但并不是第一次创业。"

此前，陈璐从事的是医疗器械的生产。医疗器械生产过程对生产环境的要求极为苛刻，因此陈璐和他的团队花费了大量资金在生产环境的净化上。直到2014年，净化环境的技术成本远远高出了预算，陈璐团队面临资金周转的难题。这个难题成为他转行的契机。

"当时没有既高效又成本可控的气体净化技术，只能采取最简单的更换滤片的方式，这种老技术成本高，效果也不好。于是，我们就想自己研发新的气体净化技术，降低自己的成本。"陈璐解释道，"这就是我的创业，或者说转行的动机。"

一个质朴到让人无话可说的动机。

竟然一点情怀也没有？我追问："气体净化毕竟是针对大气这样的公共产品，你研发气体净化技术没有为大气环保尽公民责任的公益考虑吗？这是个很鼓舞人心的想法啊。"

陈璐不好意思地笑了："这个技术确实可以用在大气的净化上，我们也可以采取政府和社会资本合作模式，和政府一起合作推动大气治理。但当时决定研发的时候，确实只是为了降低成本。"陈璐很坦诚。

我问陈璐："你觉得创业是什么？"

他说："创业，就是去做一件事情。人总要做事。"

陈璐的"创业"，既不轰轰烈烈，也不浪漫诱人，创业只是扎实地做事。陈璐的事，就是研发他的"肺仿生气体净化系统"，降低他们团队的运营成本。或许在沉迷技术的陈璐那里，做事本身就是一种情怀，一种实干家特有的气质，一种撇去辞藻修辞和情感装饰的务实理想。

我忽然觉得眼前这个"创业者"有一种技术宅特有的魅力。不贪图任何声势，也不迷恋任何高调的做派。"创业"这个词在他那里回归了本义。

和陈璐的聊天不时让我有"回到常识"的感觉。他极为准确地把事情的实质一语道破，那些浮嚣和华装统统被去除，事情清晰分明如同数字和逻辑。

聊起他们怎么"做事"，陈璐终于显出一丝兴奋。他说他的团队压根不像一个商业团队，更像一个科研班子，他们的关系也不像是投资合作而更像是兴趣小组。陈璐组建的新团队，不强调公司结构的科层性，人员相熟，分工以职责清晰和办事高效为标准，没有职务的绑缚。此外，大部分的参与者都是各自领域的专家，比如团队成员之一的熊金强，是大连理工大学热处理领域的专家。

这样的一个班子在一起做事，自然不需要大谈管理，也不用以什么成功学去激励士气，相投的志趣、多年养成的严谨的做事风格、对研发的执着和热情，都足以让这个团队充满蓬勃的生命力。

陈璐脸上难得露出一丝得意，他说他们合作攻克技术难题时常常聊到深夜，不拘时间地点，随时随地就能展开讨论，为一个小的技术问题，他们时常争到面红耳赤。日常的工作都围绕问题开展，免去一切程式上的麻烦，这就是陈璐做事的方法。

"做事"是我听过的对"创业"最好的注解。

创业艰难百战多

当陈璐向我们介绍这项技术的核心原理时，他整个人明显变得严肃起来，神情投入而坚定，仿佛我们是他潜在的合作对象，又仿佛我们是他授课的学生。对研发成果的水准、质量和原创性，他是深信不疑的，这好像是所有热爱实业和技术的人的"专业性情"。

陈璐团队研发的气体净化技术，通过模拟人体肺器官运行的原理，极大地解决了旧有净化技术中二次污染、效率低的问题。比起之前的技术，陈璐的"肺仿生气体净化系统"能使净化一次到位，同时提升净化的品质。这项技术不仅能降低陈璐原来医疗器械的生产成本，并且可以广泛地运用于各大公共场所，用以提高公共场所的安全防护水平，尤其是避免病菌通过空气介质进行传播，在医院、卫生站、生物实验室等场所均可覆盖。

目前，"肺仿生气体净化系统"已经和华西能源合作，用于垃圾焚烧和发电。比起传统的垃圾焚烧处理成效，"肺仿生气体净化系统"降低了焚烧后空气中二噁英的比例，并且排除了二次污染的可能。此外，该项技术和中国航天科工有限公司第七研究院的合作也在推进中。

分析起中国未来能源开发状况和走势，陈璐显露出一个实业家对于事业前景的关切和雄心。在他看来，中国电力依靠煤炭的时代逐渐过去，接下来的电力重心，应该挪移到依靠科技的垃圾焚烧上来。而决定整个垃圾焚烧发电能否大面积付诸实践的关键，在于焚烧后的大气净化处理，陈璐的"肺仿生气体净化系统"可能成为揭开垃圾焚烧发电新一页的技术支撑。

陈璐讲得专注，我也听得兴奋，急切地问他现在这一技术在应用方面推进得如何。

陈璐摊手："还在慢慢推进啊！"语气中有一丝无奈。

我顺着他的神情问下去："是遇到什么困难了吗？"

陈璐点头。

细聊下来，我发现，陈璐说的困难，实在够大，更为关键的是，这困难是结构性的。

这项气体净化技术是一项针对大气——这种公共物品——的治理的应用性技术，如果陈璐的目标不只是降低自己医疗机械的生产成本，还想要寻求更广的应用空间，就不得不寻求与政府的合作，因为大部分涉及空气的净化的产业，都是国有出资和控股。这也就意味着，政府或者大型的国有企业，是陈璐主要的客户方向。换言之，陈璐技术的推广使用，仰赖ppp模式——政府购买服务。

而在中国，政府购买服务与其说是一种经济合作方式，不如说是一项政治改革举措。近年来中国政府改革，最大的特点就是解缚了多项经济管理权，有的下放给下一级政府，有的则释放给了社会。政府购买服务，就是将原由政府控制的生产机会释放给社会，由政府出资为全社会购买服务和技术，由社会和市场为社会提供公共服务和技术。这样的政治—经济模式既能极大激发社会经济潜力，又制造了竞争从而使更优质的公共服务能够被遴选出来。

但困难恰恰在于，这种公私合作模式在中国尚处于起步阶段，既没有形成平稳的操作环境，又没有成熟的保障机制，政府—私人的合作中，政府仍然是强势主导的一方，政府有能力随时终止和陈璐的合作，并且，政府方在人事上的调动也使这种风险大大增大了。这对于陈璐来说是不利的，目前已有两个较大的项目暂停，都发生在去年冬天，都与政府部门的人事调动有关。

"去年冬天挺难熬的，"陈璐说，"这些问题已经脱离我们能解决的范围了。"

我问陈璐，事到如今，做这样一项在应用上有"坎儿"的技术会不会有一丝后悔？

陈璐似乎完全没想到过这个问题，摇头，"不后悔"。

我问："是不是理工科出身对于技术和实业都有一种

迷恋?"

"应该是,会觉得科技、实业才是能真正站住不会倒下的。"

我继续问:"那你怎么看待互联网经济?"

陈璐直言不讳:"互联网企业做的是有用的,我们今天生活的绝大多数便利是互联网提供的,但它的兴起还是太快了,会稍微有点躁,论持久还是得看科技和实业。"

在当今的互联网产业大潮中,太多互联网企业方生方死,专情于技术研发的陈璐,对于那些转瞬即逝的东西,骨子里抱着警惕。或许对于陈璐而言,创业源于他攻克技术难题的兴趣和热忱,是那股钟情和韧劲儿让他选择了创业,经济效益的考量反而是次要的。科研让他兴奋,实业让他安心,对于技术迷来说,技术和研发是脸面,也是尊严,是他们坚守的荣光和责任。

否则,"创业艰难百战多",陈璐又怎么能"虽九死其犹未悔"?

"熬过去"的艺术

"这么久以来,你有没有陷入灰暗的时候?"

"当然有。"

"怎么应对的?"

"熬过去。"

"去年冬天项目被停掉时,状况有多糟糕?"

"面临的都是 to be or not to be 的问题。"陈璐笑道,笑容里有一丝辛涩。

其实此言非虚。2015年年底，一个一直在推进并且进度已经相当可观的项目忽然中止，整个团队陷入困局，所有的努力像被忽然冻结在了原地，撤不回来，推不下去，还要不要继续做下去成为当时他们面临的最大问题。

"再大的困难，选项也就只有做或者不做，不做就放弃，做的话就继续熬着，就是这么简单。"陈璐依旧笑容和煦，"人们都把问题想得复杂，考虑太多，其实很多时候，就是你还要不要做这件事的问题，想清楚了，也就有路了。"

"什么是熬着？"我直截了当提问，想听听他怎么说"熬"。

或许是因为这个问题抽象，也或许是因为他并不善于表达。陈璐笑了，说道："熬过去，就是熬过去。因为总会过去。"

"总会过去"，似乎不能被定义为一种乐观的说法。乐观，常常伴有一种生猛、跃动的冲击力，但陈璐是安静的、沉潜的、热爱积累且充分相信时间的能量。更准确地形容，陈璐不是乐观，而是达观，他有一种淡泊的气质，能够让他看得开眼前的迷障，在面对困局逆境时不慌张、不退缩，在最艰难的日子里保持镇静。

换句话说，他的"熬过去"并不励志，不是风雨彩虹的成功学，反而有着低沉的底色，他的"熬过去"，是守时抱势，以静应动，以不变抵万变。正是这种沉稳和戒躁，让他的"熬过去"在沉郁的底色之上划出一道光亮。所以，陈璐虽然看起来略显迟滞，但是他明朗、具有力量。陈璐喜欢老子。他欣赏老子"道法自然"的生命态度，相信"大自然蕴藏了我们生活所需要的一切道理"，甚至肺仿生气体净化系统就是模拟了人体的肺:"人体的肺能正常运行八九十年,人体的净化系统其实是最好的仿效模板。"此外,陈璐相信,盈虚消长乃是自然之道,持而盈之,不如其已,揣而锐之,不可长保。想要过好这一生,就要有些尽人事听天命的安乐智慧,老子说得好,"夫唯不争,故无尤"。

"熬",大概是陈璐从老子那里汲取来的智慧。

正是因为有这份不与生活较劲的智慧,生活中的陈璐,恬淡而又活泼。他的微信头像是与儿子在游乐园拍的合照,一大一小两张脸挤满照片,在夜幕灯光下笑得灿烂。头像下的签名为"Everyday is Brand New",阳光又提气。他的朋友圈很少有商业方面的咨询,大多是随性而发的,每一篇都透露着浓郁的生活气息——元好问的诗、母校诞辰、生活随感、文学随笔……使人几乎看不出他是一个执着于技术的企业家。

创业成败不是生活的真意。生活的真意,是以热爱之事去滋养心灵。成事亦成人,笑着把"熬过去"说出来的陈璐,一定深谙此道。

(撰稿:刘玲斐)

张恭谦：有所为而有所不为

创业者小传：

张恭谦，出生于 1976 年 7 月 13 日，青岛世纪杰创医疗科技有限公司总经理、北京大学创业训练营全国二期班优秀学员，荣获 2016 年山东省首届智能制造（工业 4.0）创新创业大赛一等奖。

2014 年成立的青岛世纪杰创医疗科技有限公司是一家集医疗器械研发、生产、销售、培训、康复中心建设为一体的科技型公司。目前公司已申请 5 项发明专利、7 项实用新型专利、1 项外观专利，并先后获得了技术创新平台建设计划科技企业孵化器创新创业项目专项资金、2014 年度青岛高新区科技创新项目（第二批）专项资金、2014 年度科技发展计划项目专项资金等。

2016 年，公司正式推出"姿势解密技术"，被评为国际物理医学与康复医学会"全球十大康复创新技术"。

2017年初春，正月里的青岛海风微冷，鞭炮声阵阵。在青岛市工业技术研究院，我们见到了张恭谦。他穿着笔挺的西服，步伐矫健，落座后，立马招呼我们喝茶。前一日才从香港出差回来的他看不出丝毫疲惫，神采奕奕地谈论着这些年的创业故事。

回顾10年的创业历程，张谦恭认为，锻炼能力并不是最重要的，最重要的是要明白有所为而有所不为。作为一名创业者，尚不论成功与否，能够把握住市场的动向，立足本土，精益创业，才是应该具备的素质。

领域聚焦：要打井不要挖沟

从哪个领域入手是创业者要考虑的头号问题。张恭谦的选择与他自身的工作经历密切相关。

2004年，张恭谦从中国人民大学劳动人事学院毕业后，进入一家日企，投身于与人力资源毫不相干的医学运动康复领域，从事市场与销售工作。在工作的过程中，张恭谦发现，这家企业的产品和设备虽然质量好，但价格也极为高昂。2006年，他萌生了自己创业的想法，他希望能够将医疗康复设备引入国内，使各大医院能够用更少的钱买到与国外同等质量的设备，减少对国外的依赖。衡量了创业的条件——工作能力、工作经验和对康复领域较为深入的了解，张恭谦于同年在青岛注册公司，另立门户，开启他的创业生涯。经过三年积累，青岛世纪杰创医疗科技有限公司于2009年6月正式成立，主营医疗器械、运动医学产品，并为产品提供专业的保养和维护。

近 10 年来，公司不断扩张规模，先后在济南、潍坊、临沂等地设立了办事处，并与青岛市立医院、济南军区第二疗养院、济南千佛山医院、潍坊人民医院、临沂市人民医院、威海 404 医院、解放军第 89 医院、青岛海慈医疗集团等各大医院，以及山东省体育局、山东体育科研中心等多家体育科研中心建立了良好的合作关系，为它们提供医疗器械及运动医学产品；公司还帮助客户建立了多家康复中心、运动研究中心，为多个高校实验室提供方案设计、项目规划、梯队人才培养等服务；同时，员工队伍不断扩大，从初期的不足 5 人逐渐发展到了现在的 35 人。如今的青岛世纪杰创医疗科技有限公司已是一家较为成熟的医学运动康复领域公司，在业界享有良好的口碑和较高的知名度。

然而，这 10 年的创业发展并非一帆风顺，也走过不少弯路，尤其是在创业领域的聚焦上。张恭谦回想，并坦言："在企业做到一定程度，有些小成就之后，人就会膨胀，开始涉及其他领域和其他行业，做多元化的事情，但这实际上是个陷阱，非常容易出问题。"

在青岛世纪杰创医疗科技有限公司有一定规模时，张恭谦栽了一个跟头。当时的他，不满足于医疗运动和康复领域，希望实现多元化经营，于是便相继涉足了房地产、太阳能等其他领域，合作了许多项目。"进入不了解的新行业就必须要去学习，不学习就不专业，不专业就很难走下去。"张恭谦说。当初他为了能够做下去，不断学习新行业的知识，增强自身在新行业的专业性。但是由于不同领域的客户的性格特质不同，每个行业的特点和经营方法并不一样，大规模制造业对资金量需求很大，需要专攻银行或者贷款，同时团队管理和建设方式也存在诸多差异，并且不同的行业需要完全不同的背景知识，张恭谦虽然一直在努力学习和补充，但渐渐地，张恭谦仍感觉到有些心有余而力不足。

"就像庄子所说的'吾生也有涯，而知也无涯。以有涯随无涯，殆已！'"张恭谦现在回想，"人的时间是有限的，不可能天天学习新的行业知识。"有限的精力在多个领域同时做到专业是不可能的，最终他的几个项目也没有在新的领域深入下去。好在不至于血本无归，但确实无功而返。

到这时，张恭谦终于弄明白了一件事情：凡事必须要有所为而有所不为——与多元化发展相比，在一个领域、一个点上做精、做到极致，同样也是一件很了不起的事情。经过反复思考，张恭谦决定，将重心挪回到医疗运动康复领域，"与其到处挖沟，这干点，那干点，不如打井，就照着一个有足够大市场的领域打，再做到赚钱就行"。

"有所不为"，在张恭谦看来，指的是抵住诱惑，避免浅层的多元；"有所为"则指，个人坚持奋斗，企业实现成长，尤其是，既要以客户为中心，提高企业自身的产品与服务，将企业做大做强，也要切实落实企业社会责任，明确自身定位。企业的成长，就是从一项"赚钱的生意"，转变成一家真正有使命、愿景和责任感的企业。

企业理念：服务客户，兼济社会

"以客户为中心"既是青岛世纪杰创医疗科技有限公司企业精神的一部分，也是张恭谦给自己制订的"有所为"的一个重要组成部分。客户的需求和客户的便利，是张恭谦定位企业发展战略时最深的关切。目前，青岛世纪杰创医疗科技有限公司正经历一个从2B模式到2C模式的转型。2B指的是"to business"，即"对企业"，2C指的是"to consumer"，即"对消费者"，而2B到2C的转型意味着公司从对其他公司销售转变为对个人销售，也意味着，公司的经营理念从注重交易量转向了注重服务本身。

如何算得上考虑客户需求？张恭谦以正在研发的一项人体监测仪为例进行了说明。跑步看起来是一件简单而平常的事，但并不是人人都跑得正确。如苏炳添，肌肉力量很强，但姿势有问题，这对运动员来说是很大的消耗和损伤。此外，慢跑、加速跑、匀速跑、冲刺跑等也需要科学的安排。如果安排不当很容易发生腿抽筋、膝盖损伤等问题。此外，运动后，人应当正确消除堆积在体内的大量乳酸，并合理补充营养。这些问题、隐患和需求统统都是产品设计中应当考量的"客户需求"。张恭谦正在设计一款测试、监控和纠正运动体态的设备，使人能根据测试和监控结果进行姿势纠正、运动量的调整和运动后的修复，使运动真正服务于健康。

张恭谦还举了一个例子：国内一直缺乏医疗运动康复设备专利，而相关的国外仪器售价高昂且售后服务不便，这导致，在医疗运动康复设备的使用上，国内用户使用体验极差。基于这样的客户需求，张恭谦进行了三方面的突破：第一，积极研发专利，从"制造"转为"智造"，占领知识产权的高地，从根本上繁茂中国市场；第二，通过规模效应降低生产成本，提高产品性价比，用100万的成本做出医院从国外购买的300万甚至500万的机器；第三，构建一套自己的技术方法体系，在产品销售时教授消费者使用方法，并提供后续的售后服务。如此一来，公司不仅输出了技术，还输出了方法和理念，原来卖单件的产品，现在全部打包成一体化的解决方案提供给各大医院，大大增强了客户使用的便利度。

作为企业家的张恭谦，一直保持着初心：最大程度地为客户提供好的体验，"以客户为中心"，"有所为"。

张恭谦不仅是一个优秀的企业家，同时还是个情怀感浓厚的公益人。他坚信，企业不仅仅是谋取自身利益最大化的经济体，更是社会的细胞体，是社会整体财富的积累者、社会文明进步的推动者、环境可持续发展的重要参与者。青岛世纪杰创医疗科技有限公司着眼医疗运动康复，与公益中的很多分支都相当契合。张恭谦便有将企业和公益融为一体的想法。

首先是为脊柱侧弯的儿童免费提供设备，帮助康复治疗。脊柱侧弯是一种脊柱的三维畸形，影响婴幼儿及青少年的生长发育，严重者会危及心肺功能、影响脊髓，造成瘫痪。围绕脊柱侧弯的治疗做一项公益项目的念头，源于一个14岁少年带给他的触动。当初张恭谦认识这名少年时，他已经严重脊柱侧弯，如果做手术，需要矫正三截脊柱，不仅存在留下后遗症的风险，而且费用昂贵，绝非少年的家庭能承担得起。相比手术，公司的仪器只需要康复训练，并且只需 3 个月到半年的时间就可见效，同时费用低廉。从少年案例中，张恭谦发现，公司的仪器，不只是一项商品，对于那些家境贫寒的脊柱侧弯患者，有着解救燃眉之急的人道意义。于是，张恭谦构思了明年开始免费为 100 个孩子提供仪器理疗结合人工按摩的计划。目前这一项目正在启动中。

第二个与公益有关的想法，是为体育院校学习运动康复专业的毕业生提供就业选择。张恭谦注意到，这些学生虽然学习的是医疗范畴的内容，但却不能够像普通医科大学的学生一样拿医师证，只能拿理学的学位证，因此无法到医院就业，这种局限无形中浪费了很多专业的康复训练人才。张恭谦想吸纳这些学生到自己公司，为他们开放一条就业通道的同时，也扩充和夯实公司的员工队伍，是一个双赢的利己惠人战略。

未来驱动：知识创新与工匠精神并重

李克强总理在 2014 年夏季达沃斯论坛上提出的"大众创业、万众创新"是中国创业者们的一个新起点。2014 年起，政府陆续出台了减税和优惠的政策，开辟了多条企业获取资源的渠道，中国创业环境和创业企业都有了长足的进步和改善。然而，国内创业的总体体制与国外比仍存在差距。张恭谦指出，一是国外早已形成了成熟、固定的发展模式和产业链，企业获取资源的渠道更开放和便捷；二是，从知识创新和企业专业化程度看，中国仍有许多空白待填补。张恭谦认为，知识创新和工匠精神是中国企业需要有所作为的方面，也是企业未来的驱动力所在。

张恭谦指出，发达国家知识创新的速度非常快。美国最快，尤其是在互联网产业上。其次，欧洲和日本也处在知识创新的前沿，把产品方方面面的细节都打造到极致。而这些领头羊们共同的特点，就是注重知识创新。青岛世纪杰创医疗科技有限公司必须加快产品研发的进度和水平，注重专利研发，努力在知识产权方面获得竞争优势。

此外，工匠精神也十分重要。张恭谦认为，一个领域的专注、提炼、传承对于这个领域的发展特别重要。在与德国、瑞士等国的企业家交流的过程中，他发现，在欧洲，有许多企业虽然规模不大，数十人已是大公司，但它们的历史悠久，能够发展和传承上百年。而走得长远的关键，就在于专业化的工匠精神。欧洲的公司常把人力资源、财务、销售等业务外包，而将它所专长的领域用心做到极致。这些公司在铸就自己成为某一领域高精尖的同时，人力、财务、销售也逐渐形成高度专业化的服务企业，由此，整个社会分工体系都变得立体和专业，每家企业都能在体系中找到自己的位置并且永葆生机，屹立百年。2018—2019年是张恭谦预计的丰收年，他希望公司能够在他的理念的引导下闯出一片新天地来。

张恭谦绝对算得上一个勤奋的创业者。从他的出差行程上就可见一斑。由于常去北京开会，他的行程常常是这样的：从青岛坐一晚上卧铺，次日早上六点多到达北京，稍微休息一下就马上投入工作，处理完后下午返回青岛。

最繁忙的时候,张恭谦几乎每月有一半时间出差在外。2014年,张恭谦从一千多名申请者中脱颖而出,成为北大创业训练营全国二期班的一名营员,参加了人力资源管理、财务报账、上市等领域的多场讲座。训练营结束后,他不仅自主学习,还与同期学员保持着紧密联系。行业交叉带来的新信息总是让他灵感满满,张恭谦转速惊人的大脑和他强大的执行力,成了企业发展不竭的动力。

（撰稿：王俊）

李木：打造与哈佛叫板的中国技术

创业者小传

李木,1976年11月26日生,2005年于华北电力大学电力电子专业毕业获硕士学位。大连华微生命科技有限公司总经理、大连莱美瑞特生物科技有限公司总经理、北创营大连特训班一期学员兼班长。

获第三届中国创新创业大赛辽宁赛区一等奖;第三届中国(辽宁)青年科技创新创业大赛一等奖、最具投资价值奖;2016年入选第六批大连市"海创工程"。

我们约见李木的时间是在午后，外面的阳光温暖和煦，洒在脸上并不刺眼，明丽的蔚蓝色海水微微泛起波澜，我们坐在北创营大连基地的会客室里，透明的窗户让我们将这座海滨城市的美丽收入眼底。李木是地地道道的大连人，操着一口幽默风趣的东北口音，黑色西装外套搭配白色衬衫，简单的工作打扮给人以亲和自然的感觉。李木很有风度地和我们握手，并给每一个人递上了自己的名片，简单地介绍之后我们开始了愉快的访谈。性格外向、善于言谈的他笑称自己是非典型"理工男"，使得初次见面还略显拘束的我们没过多久就被李木有趣的话语带动得放松起来，严肃的采访氛围渐渐扩散。

学霸下海，填补国内技术空白

李木于1997年考入华北电力大学电力系统及其自动化专业。这个专业在当时是比较热门的专业之一，也是李木喜欢的领域。作为当年的学霸，除了在机电领域上取得了优秀的成绩以外，李木还喜欢和计算机较劲。起初他挑战教育部计算机考试，全国计算机等级考试从二级一直考到四级，考到头又开始挑战信息产业部资格水平考试，从程序员考到高级程序员。李木成了华北电力大学里第一个还没走出校园就获得中级职称的学生。象牙塔时光结束，2003年李木面临研究生毕业，与每一个站在人生十字路口的毕业生一样，他也在思考着自己人生的方向，为自己的第一份职业做出选择。

眼看着周围的学长学姐一批又一批在电力局、电厂上班，工作内容相对简单，待遇却很优厚。但当时的李木内心清楚，他知道这种相对安稳清闲的工作其实并不适合自己，因为他深知自己骨子里根本耐不住寂寞。后来，各种机缘巧合让李木在研究生毕业之后找到了大连的一份高校教学工作。之所以选择在高校任职，李木认为："教学本身也是一种学习提高的过程，除此之外我还有一些业余的时间，可以用来做一些科研和发明项目。"三年过去了，李木在高校的工作并不尽如人意，他发现学校虽然可以提供闲暇时间致力于自己的兴趣爱好，但高校毕竟还是教育氛围比较浓，科研氛围则稍逊一筹。于是，他毅然放弃了高校的教学工作，选择在国内一家电力电子行业上市公司做一个重要项目的技术负责人。不断坚持，不断创新，让李木的事业如鱼得水并且收获颇丰。年复一年的工作，让李木在发挥自己专业价值的同时也十分享受生活。十二年的职场打磨让他褪去了当年毕业时的稚嫩，职场经验积累成宝贵的财富。但是，平静的大海之下总是暗藏汹涌，表面重复的生活背后却藏着一颗蠢蠢欲动的心。2012年夏天，平静的生活正酝酿着一场重大转折。

　　2012年，在一次聚会上，李木结识了一个生物化学专业背景的海归博士后，虽然领域不同，但二人相见恨晚。在交流谈话之中这只"大海龟"带给了李木一个全球最前沿的科技项目，也就是后来的皮升至微升级液滴型微反应器的高通量检测与筛选系统项目。这种技术处于国际先进水平，而在当时这类技术还没有相应的商业化产品，项目初步估值接近亿元，一旦成功将填补国内技术空白。因为自身专业的限制，李木并不确定这个项目的智能控制部分能否实现，而要想做好，还需要面对两个重量级的竞争对手，一个是哈佛大学，另一个是剑桥大学。这两所国际一流大学分别创建了两个教师和科研人员组成的精英团队，对于李木来说这既是可以大展拳脚的好机会，同时也是非常刺激的挑战。按照李木的说法，"小心脏开始怦怦直跳，人生七八十年，这事无论成败，值了！"

从零到一，淬炼液滴筛选"神技"

权衡风险与收益之后，李木接受了海归博士后的合作邀请，开始了创业之旅。这一创业项目非常具有挑战性同时也是李木喜欢的事业，这样的创业让李木很兴奋。李木先是找来几个机电领域的优秀技术人才组建了项目团队，紧接着又加紧了一步步的系统筹划。在事业起步阶段，为了鼓舞士气也为了证明自己，李木给自己订立了一个五年规划，计划五年之内一定要有所成就。

然而创业维艰，更何况又要在零产品的市场空间中开辟一片新蓝海，这让李木在创业初期听到了很多反对和质疑的声音。"创业之前我本来有一份非常稳定的工作，包括一年内可以买车买房的高薪和一周三天的休息时间。但是我还是选择放弃转而创业。当时家里人是很反对的，没有办法我就反复地去做思想工作，终于得到家里人精神上和事业上的双重支持，这给我很大信心。实际上，在后来研发的过程中也有人想过打退堂鼓，但是整个团队的心态是好的，遇到困难大家更多的是想办法找到资源来解决问题。"做好了思想和情绪工作，接下来就是最重要的研发试验。项目立项伊始没有厂房，没有研发场所，研究讨论主要在家里，实验室用客户的。"我们没日没夜地刻苦攻关，经常熬夜熬得很晚，大家一起讨论更改方案。"除了场地限制，更棘手的还有器材。"因为有些器材是进口的，只能定做，有一个急用的美国生产的传感器，足足等了四个半月。"李木说。在实验的环节，李木充分发挥了工科男"一条路走到黑"的特点，活性物质返回的检测信号本身就不强，如果液滴里包含杂质，就更加难以判断其活性高低。项目组成员们跟这个难题"杠"上了。"有一些难题要反复试验，基本上每天要做30次左右试验，持续了半年多。"李木说自己的性格中有一个特质就是很执拗，他原来不觉得这是一个好性格，但在现在看来却很有用处。也许正是由于李木和他团队辛勤的努力和执着的坚持，三年的时间五千多次试验的量变积累使得包括硬件设备、应用软件、嵌入式软件和耗材在内的整个系统最终研制成功。从零到一，从一到多，技术研发越来越成熟，量变引发最后的质变。但成功总是夹杂着许多汗水，每个模块的智能控制程序包含着的几万至十几万句的嵌入式代码，都是李木及其团队一个字母一个字母敲出来的。

目前，该技术为中国唯一相较于传统方式，样品筛选速度提高一千倍以上而样品的使用量却减少为百万分之一的技术手段。系统包括仪器设备、应用软件、嵌入式软件、耗材等四个部分，拥有完全自主知识产权，其中含有五项发明专利，项目还得到了中国科学院（客户）认可并签订了销售合同，在"第三届中国创新创业大赛（辽宁赛区）暨第二届辽宁创新创业大赛"中荣获一等奖，"第三届中国辽宁青年科技创新创业大赛"中包揽"一等奖"及"最具投资价值奖"。接下来，李木准备把这项技术推广到科研教育的领域中，让更多人受益。

改变生活，解开"液滴"神秘面纱

2013年，第一家大连莱美瑞特生物科技有限公司成立。2016年李木又先后在大连和南京创立了大连华微生命科技有限公司和南京莱姆莱奥芯片科技有限公司。公司管理水平逐渐提升，所涉及领域也得到拓展，已经包含了研发和销售等多个链条。公司管理人员的研究生学历为50%以上，研发团队具有微流体控制、电力电子、软件、机械等交叉学科领域的丰富经验，已经可以为客户提供具有国际竞争力的产品

目前李木事业发展得如火如荼，他却不骄不躁，以不断进取和谦逊沉稳的处世态度稳健地规划着公司的每一步发展，同时也在公司的项目产品中注入了许多人文情怀。那么，李木所致力的项目究竟是什么呢？这一项重要发明又能给我们的生活带来哪些改变？李木公司主营项目的专业名称是"皮升至微升级液滴型微反应器的高通量检测与筛选系统"。通俗来讲，项目的目的就是在尺寸小于我们头发直径的微液滴中，放入细胞、蛋白、酶、病毒、细菌等，然后进行快速地、自动化地检测、分析和筛选。这种方式比当前广泛采用的人工方式速度提高一千倍，药剂损耗降低一百万倍。而这种技术跟老百姓最密切的关系主要体现在两个领域，"在生物化工领域，酶是一种常见的高分子化

合物,利用我们的液滴技术可以超高纯度、超高活性地进行酶的筛选,可以大大降低成本。如果这种技术有效应用到生活中,我们穿的衣服、我们呼吸的空气都可以间接得到改善。在生命科学领域,病毒变异日渐猖獗,很多疾病还不能快速有效地根治。一种新药,研发时间 10 年,耗费两三亿美金,在全球亿万种物质中找到那种能够抑制某种病毒或细菌的可药用物质的过程,漫长而艰难,这就是药物筛选。我们的技术有望在药物筛选环节效率提高一千倍,我们希望自己的技术能够帮助科学家更快速地找到可药用物质,提高效率、降低成本、降低药价,让老百姓看病少花钱,让更多的疑难杂症有药可医。"

有挑战世界的勇气,又有怀抱家国的热忱,这是一个创业者最难能可贵的地方。脚踏实地不急躁,立志做成打破美国技术垄断地位的高精尖民族企业,这是李木在创业过程中的态度和目标。三家具有创新精神的民族企业精诚合作、有机组合,李木的梦想是让这项技术为全球高端生化分析仪器领域增加具有影响力的中国元素,让技术服务生活。

顺势而为,巧借北创营和政策的东风

李木是 2015 年大连北创营第一期班的班长,在北创营期间,无论是事业上还是生活中李木都有很多的收获。通过北创营的平台,他的两家企业同时实现了数百万级天使轮融资,并直指计划估值过亿的 Pre-A 轮,而投资者包括 5 位北京大学校友和多位企业成功人士。"借助北创营平台,我结识了北京大学大连校友会的很多有识之士,更获得郭士涛、戚奎华、何锺林、黄越等北大校友对我的项目的认可与支持。"谈及班长这个身份,李木给我们讲了一个他特别有趣的经历。"在开班的拓展游戏中,我受到了大家的认可并被推举成了我们'战狼队'的队长,带领大家一起在小组活动中取得了很好的成绩。经过了这一次活动,我们小组的成员之间建立起了友谊,起初是我们这个队伍中的成员单独在一起组织一些活动,后来加入的人越来越多,最后就以班级的形式来做活动,我也就被推选当了班长。"北创营是一个广阔的平台,每一位真诚的创业者都可以在这个平台上有所收获。如何看待北创营的作用,李木说:"全国不乏创业咖啡厅和孵化器,我认为北创营的优势第一在于它的公益性,第二它能够提供系统全面的服务和帮助,比如场地、投资、财务和各领域经验丰富的创业导师等。"李木是所有北创营营员中的一个典型,在北创营每个人都能寻找到满足自己需求的资源。北创营是一个系统、全面、高效且人性化地为创业者提供便捷和服务的资源平台。

除了北创营以外,在创业初期,李木在网上搜罗扶持创业项目的政策信息时,偶然搜到了大连市共青团市委关于扶持青年创业的计划。为了进一步了解该政策,李木前往大连市团市委办公楼,就这样,李木与大连YBC(中国青年创业国际计划)结缘。2012年下半年,大连YBC导师和办公室工作人员等一行五人,来到大连高新区李木那个简易的研发场所,现场咨询、考察、评估,最终李木实现了其研发团队入选YBC大家庭的梦想,同时也获得了5万元的无息贷款和对他意义更大的导师指导。李木说:"5万元并不多，但让我们做成了这个项目的样本，并成功实现了国内首套微液滴自动化控制系统的商业化。可以说，它促成了该项目在关键研发时期的发展，它的价值在现在和将来都要重新评估，而导师的及时指导更是让我在迷茫的时候找到方向和勇气。""我永远忘不了YBC的导师和办公室工作人员亲临考核现场的情景，他们的认真态度和公益精神深植我的内心，我从来没有想到政府部门和知名企业家能这样切实地关心着我们普通的创业者，如此没有距离感的接触也更加坚定了我融入YBC大家庭的信心。"

李木的创业故事是大连创业者奋斗的一个缩影，借着全国创新创业的东风，依托北创营和大连市委市政府的政策支持，小树苗通过辛勤的浇灌和努力的坚持慢慢长成一棵大树，成为大连经济发展新动力之一，为全国的经济发展和技术创新贡献了一份力量。古人云："不积跬步无以至千里，不积小流无以成江海"，只要方向对了，每一步努力都是前进的一步。年轻人不仅要敢于创新，也要有坚持的品格，我们向往高山，我们渴望田野，我们放眼平原，但却不是所有人都能坚持到终点。找对路子，持之以恒，你会发现渐渐地我们就翻过了高山，穿过了田野，跨越了平原。

成功的路上披星戴月，青春的旅途梦想为伴，最美的风景绝不会一马平川。每一个好的点子都有可能成为事业，每一份坚持都有可能到达梦的彼岸，北创营就是将好点子变成现实的助推器。在这里你有一群志同道合的朋友，聆听别人的故事也讲述自己的人生。

（撰稿：马倩）

马顺：创业似跑马

创业者小传：

马顺，1978 年 10 月 6 日出生。北京刷脸科技有限公司创始人兼 CEO、爱搜奇（北京）科技有限公司董事长、北大光华 MBA 项目校友导师。2015 年荣获香港首届国际创客节"十大国际青年创客"称号。

北大光华体育产业协会理事、北大光华 MBA 体育产业协会会长、中国运动员教育基金捐赠人、北大光华戈壁挑战赛"光华之队"品牌首倡者。国际越跑 ITRA 执委会候补委员，先后完成 30 余次马拉松赛事，其中百公里以上赛事完赛达 20 余次。

2014 年创立的互联网金融平台"找银子（zhaoyinzi.com）"，是中国强抵押资产在线理财第一平台，北京市网贷行业协会首批观察员，首创的 Dual Escrow® 资金与资产双重监管模式被北京市网贷行业协会列为合规典型。

2015 年创立的北京刷脸科技有限公司，将人脸识别技术应用于体育赛事信息化领域，为体育赛事参与者、赛事运营机构、品牌商提供基于用户数据的用户服务、身份核验、智能化执行系统、赛事运营信息化、商业智能服务。

2015 年进入北创营全国三期班学习，期间担任北创营户外俱乐部创始队长，带领团队荣获第四届创业戈壁行最佳队伍十强，个人荣获最佳队长、男子冠军（并列）等奖项。

马顺的微信头像，是一张仰视角度的照片。照片中的他，着一身马拉松装备，站在广袤的荒漠上，远望前方，身披着灿烂的阳光。

一个奔跑者，这是马顺给人的第一印象。从2003年的北京马拉松开始，马顺已经在马拉松的赛道上坚持了13年。这13年中，他从搜房网的运营管理中心总监，到如今一手创建了刷脸科技的创始人兼CEO，马顺在人生的赛道上也从未停止过奔跑的步伐。

安逸中的酝酿

马顺作为优秀毕业生从贵州大学毕业之后，先后在三金电子商务、搜房网、第一美国公司等企业任职。但在这样平顺的生活中，他却总是渴望新的东西。于是在2006年，他以优异的成绩考入北京大学光华管理学院，攻读工商管理硕士。

在光华学习，马顺自言收获极大。一方面是来自老师的指导，这让他学会如何在瞬息万变的商业世界里准确地把握机会；另一方面是来自同学，这些人生经历各不相同的人汇聚在一起，总是能迸发出灵感。马顺在同学们中间，总是最积极的一个。还未入学，喜好户外运动的他就组织了一个俱乐部，时常拉着大家去爬山。和他一起创业的技术合伙人，也是在当年爬山时认识的，如今已成为他多年的老友。开学后，他兴致勃勃地想要竞选联合会主席，直到最后才被告知刚入学的同学没有资格参加竞选，"当时真是哭笑不得"。

马顺身上与生俱来的热情，让他在安稳的环境中总是感觉不安："安逸是好，但总是觉得，不应该这样。"其实他早已有了辞职的想法，但始终未能成行，毕竟要离开一家供职多年的企业，不是一拍脑袋就能决定的事。

然而转变的机会总要到来。2012年，第七届玄奘之路国际商学院戈壁挑战赛在甘肃和新疆交界的莫贺延碛戈壁举行。马顺作为北大光华管理学院团队的教练带队参加。这一场文化体验赛事举办的目的，在于使参赛者在严峻的自然条件下超越极限，"在内心深处寻找到让生命得以攀援上升的巨大能量"。就在那一次旅途中，站在莫贺延碛广袤的沙土上的马顺，突然意识到在几百年前，玄奘大师双脚走过的路程，现在自己正在走。传奇中的人物与现实中的自己，就在这一瞬，产生了影响马顺今后人生道路的一次对话——他萌发了"再历一次险"的想法。

促使他在行动上转变的，是第一美国公司战略决策上的改变。2013年5月，这家年营收超过80亿美元的财富500强公司突然决定关闭其亚太区绝大部分业务。当时已经成为中国区副总裁的马顺，被这件事"推了一把"，直接辞职，离开了这家企业。

受到玄奘大师和乔布斯的影响，辞职以后，他首先去了印度。在印度南部"朝圣"与"修行"，马顺大开眼界，高耸静谧的庭院与宗教文化的浸染使马顺更加坚定了自己创业的决心。回到北京后，他便开启了自己的创业之路。

关于创业的内容，马顺考虑了很多种可能。最开始考虑的，是一件"不很商业"的事情——办一家禅修学校。

他打算在学校实行封闭管理，学员在校内关掉手机，过有规律的生活——吃素食、做运动、接受禅师的教育指导。这种想法与他在印度的经历有很大关系。接下来，他又考虑过有机农场、马拉松旅行、二手车交易、汽车后服务市场等创业项目，但都有所疑虑。而在最后，"出于稳妥的考虑，还是决定做早有准备的项目"，马顺选择了互联网金融的创业方向，在 2014 年 3 月份正式成为真正的创业者。

在一次演讲中，马顺说道："人生只是无休止的不断尝试吗？我们可能已经尝试得太多了。或许，我们更应该勇敢而又谨慎地做出选择，许下你的承诺，去经历它、体悟它、抚摸它，感受它的每一寸肌理，感受它的每一段温度，甚至与它融为一体。"这是他创业数年后的心得，马顺也一直在践行这句话。不经历多种选择的考量，不足以语创业，而多次排除后的最终选择，或许就是最好的选择。

人人有脸、人人有钱

2015 年，马顺以极具人气的创业项目和连续创业者的身份通过了层层选拔，在专业投资人和网络观众的支持下，从逾千名的候选人中脱颖而出，荣获"十大国际青年创客"的称号。颁奖仪式在香港举行，这是香港首届最高规格的创业盛会，也是最多机构和个人参与的国际性创业主题盛会。

在颁奖台上，马顺说："相信很多人都曾经在某一个特定的时刻或特定的时间段被马丁·路德·金的 'I have a

dream'打动过。对我来说,'刷脸'是'I have a dream'的另一个版本。"这个极富想象力和创新性的项目,正是本着帮助更多年轻人融资的初心建立起来的。

好奇心和使命感是他创业的核心驱动力。在创业初期,马顺和他的团队面临诸多挑战,最令人头疼的,就是用户的定位和选择。面对大众,准确找到自己产品的目标人群,并不是一件易事。正在瓶颈之时,公司里一位小实习生引起了他的注意。那是一个外地学生,刚来北京,租房子一个月差不多需要一千元,这对于有稳定工作的上班族来说并不是难事,但是他是刚毕业没多久,刚开始租借总是要押一付三,一下子拿出三四千元来租房子,微薄的薪水根本无法承担。马顺意识到这或许为他指引了一个方向,他觉得团队可以做一些事情为这些面临资产窘境的大学毕业生提供帮助。

"学生面对传统的融资方式总有太多的压力",马顺解释道,"过去从银行借贷,不仅审核程序复杂、时间长,而且这些刚刚踏出象牙塔的孩子,没有诚信数据,在融资上就更是难上加难"。从2013年全职创业开始,马顺就试图寻找新的融资路径,他筹备了互联网金融服务平台"找银子"。这个项目的理念就在于:"未来的银行就在我们的手机里,我们的贷款将来自个人,而非某个金融机构。"而在2015年,马顺从"找银子"走向"刷脸",方向发生了改变,但理念始终如一。

刷脸,一款熟人及弱关系朋友圈的借贷应用程序,借款人可以通过刷脸在这个熟人社区实名发布自己的借款需求,并灵活设定利率。好友根据借款人的"脸值"匿名出借款项并最终获取利息。这一款应用的核心要点是基于社会化网络的定价标准化和信用评价标准化，打造完全去中介化的熟人圈信贷工具和数据服务平台。"刷脸"项目的出现，引发了投资者和用户关注的热潮。

熟人借贷是在互联网背景下发展出来的一种社交金融，利用社交关系发展债权关系，熟人间通过匿名或实名的方式实现直接、小额的金融信贷交易。马顺认为中国人普遍存在"社群关系"，这种社群关系在网络时代可以得到有效地利用，实现资源的流动。作为一款熟人借贷产品，"刷脸"首先依据的是用户的社会关系网络，同时通过网络解决了原来熟人之间借钱的"面子"等问题，形成一对多的市场，使借贷达到可信赖、标准化、快速化。

而与其他熟人借贷产品不同的是，马顺的"刷脸"强调人脸天生的独特性，采用新的信用评价标准，建立起借贷新方式："人的外表其实有可信度，与信用风险是有关系的。""刷脸"的概念在近些年兴起，通常指通过人脸识别技术来辨识个人身份，在民间也是常常为网民所用的语词，具有广阔的使用范围。而马顺的刷脸正是利用近些年的流行词汇与科技发展在借贷产品上抢占先机。人们往往用颜值来评判一个人的相貌，而马顺的团队却独辟蹊径，从外表上的信用度入手，建立起适用于网络时代的授信方式。

目前，刷脸共有二十多万用户，几千万的交易额，但马顺脸上全然是平和的神情，只轻描淡写地说："比较能够验证起步的逻辑。"他的目标显然并不在此。刷脸的网页上写着："人人有脸，人人有钱"，"人人"二字足以看出马顺的雄心。正如他曾经说："在互联网这个伟大的小时代，我想做一点让周围人过得更好的事。我始终相信，自己能做一点能让周围的人过得更好一点点的事情。"在他看来，现在的努力还远远不够。

创业似跑马

马顺长达13年的跑步历程，使跑步已然成为他的生活方式。记者准备采访时，他正下了课整装待发，打算出门跑步。他曾经去过喀什、西藏、敦煌、云南、连云港、苏州、厦门、天津、香港，也去过纽约、旧金山、洛杉矶、硅谷、圣何塞，每到一处，他都要在当地的土地上尽情地跑一跑。

他喜欢村上春树的文字，喜欢村上既现实又饱含神秘浪漫的描写，他对《当我谈跑步时我谈些什么》这本散文集也很是推崇。他在这里似乎看到了另一个相似的灵魂。书中村上所写到跑步过程中的所思所想，马顺觉得，自己也有过真切的体会。他形容跑步的过程是一场修行，"一开始，你会注意到花开了、树叶绿了，这时候你是在与自然对话；而当你跑了一段时间，开始累了的时候，无暇顾及旁边的东西，就开始与自己对话"。马顺常常会在与自己的对话中，反思生活、思考价值。而跑到最后，跑步者的状态再次发生改变，"从对自己的对抗、妥协，变成了融合，可能和禅定是一样的感觉"。

"创业似'跑马'[①]，这句话说得很对，他们都是用结果来推动过程"，他总结创业与跑马的关系，发觉自己在跑马

---

① "跑马"为跑马拉松的简称。

过程中获得了创业的能量。一次，一个朋友说要开始跑步，马顺建议他去跑马拉松，朋友推托说再练一练，马顺竟先帮朋友报了名，"五个月以后就真的要去跑步，这时候这种'不得不'就推着他去练。创业也是这样的，先有了个预想的结果，你就会每天催促自己去动、去进步"。跑步是马顺推着朋友去动，而创业，马顺是自己推着自己往前跑。但"只有目标和兴趣是不够的，要有付出、有执行、有计划、有承诺"，他以跑道上的技巧去要求创业中的自己。

他在自己的公众号上写了一篇《滚出你的舒适区》。文章中有这样一段话："想一想（如果你曾有幸有过这样的体验）你因为逃避危险和恐惧而拔腿狂奔的瞬间，那些跟跟跄跄、连滚带爬、心就快要跳出来、呼吸道想把这个世界都吞进去的那些经历吧，当你回过头来抹掉满头满脸的泥水，捡回你差点丢掉的呼吸、红润的脸色甚至你的半条小命，你就会发现你真正离开了你的舒适区。"

这种和跑步之间如此相似的体会，其实是马顺的人生追求。在马顺看来，一个人"要有所成就或从灵性角度要不枉此生"，就必须从舒适区中跨出来。他强调走出舒适区的自主性，"只有你有弃绝陆地的勇气，你才可能渡过汪洋大海"。马顺并不掩饰对安于舒适者的鄙夷，或许正是因为曾经耽于平淡，才这样迫切地渴望脱离平淡，奔向拼搏的生活，对于他来说，创业正是他脱离平凡生活的重要一步。

马顺始终记得《阿甘正传》珍妮声嘶力竭的那一句"Run! Forrest，run!"，他也曾将这句话写在自己的文章里，激励别人，更是激励自己。在新年的一条朋友圈里，马顺为刷脸里的同事写道:"只要出发,就能抵达。创业是一场马拉松,'从穿上跑鞋站到起点所花的时间,比从起点跑到终点所花的时间漫长得多'。我们已经出发了,只要出发,就能抵达!"创业似跑马,他用时间践行。

(撰稿:江禾)

李赛赛：创业的收获与成功无关

创业者小传：

李赛赛，出生于1981年10月5日。2014年毕业于北京大学光华管理学院，获工商管理硕士学位，北京大学创业训练营营员，现任蚁安居（天津）网络技术有限公司董事长助理。蚁安居是家居建材供应链一体化服务提供商，也是国内最专家的家居供应链一体化服务软件。为品牌商家、家居电商、互联网家装等企业及软件提供从产品出厂开始的干线、仓储、配送、安装、维修一体化解决方案，为消费者提供一站式家居服务。

在北京南站，李赛赛快步向我们走来，脸上写着疲倦。刚下火车的他携衣提包，一副旅人打扮。时间实在太仓促，我们不得不约在火车站的咖啡馆里碰面。

跟李赛赛聊天很容易进入状态，一来他谈吐清晰，逻辑连贯，二来，他的言谈散发着异于常人的真挚与诚恳，使谈话的场域具有绵延的感染力。相较于其他创业者，李赛赛算是特殊的一个，因为他并不是"创业"这所大学里的Freshman，在此之前，他已有过一次创业经历，那次创业功败垂成，他全身而退。

也许恰恰因为经受了困厄的洗礼，李赛赛与其他的创业者们有所不同，在他这里，不仅有大多数创业者有的干劲，更有一种别的创业者没有的韧性和通达。这种韧性和通达接近于一种对于"界限"和"命运"的认知。

"创业动机蛮单纯的"

2011年，李赛赛在北京大学光华管理学院读MBA，那时的他同时也是中远物流华北区的负责人，收入颇丰，没有风险和压力，过着得心应手、稳当而又温吞的生活，用他的话说，就像在一艘航行的大船里做着一枚安稳的螺丝钉。

创业的念头起源于班里几个同学的谋划。"当时我们三四个人，材料科学的，微电子的，搞网络的，凑在一起，一拍即合，想做物流方面的跟踪技术。"

凭着在物流行业多年的经验，李赛赛察觉到物流运输中的bug——因为不能及时跟踪货物的运输情况而导致的不必要耗损——可能会成为一个商机。

"因为我做物流,所以知道在物流运输中,不能时刻进行监督会导致很多运输过程中的损失。"李赛赛解释道,"我们的技术正是用于对货物运输状况的遥感监控,主要是一个复杂和准确的定位装置,这个装置支持报警器、温度探头、光感探头、震动测试等。"

李赛赛团队所研发的定位和探测技术能够支持非常精密和贵重的仪器输送,比如文物古董国画和科技实验仪器。这类物件对于运输的要求非常高,一旦在运输过程中产生损坏,代价将是不可估量的,而如果运输中能适时反馈精确的探测监控数据,就能防患于未然,同时意外发生时能第一时间采取补救措施。此外,李赛赛团队的技术还很大程度上解决了长线运输中货物丢失的问题。

从各方面看,这项技术都是一个有潜力的项目,既填补了物流行业中的需求空白,也为社会节约了资源,减少了无谓的耗损。

"那时的创业动机还是蛮单纯的,觉得这个项目确实有价值,值得做。"回忆起这些,李赛赛的眼睛里仍能看到火花,"当时很想做点和原来不一样的东西,想跳出原来的生活和工作状态,筹划一点对社会有价值的事。"

彼时的李赛赛对于这一次的创业充满执着和信心,他将"成就自我,造福他人"作为公司的理念,在北大南门外的中城大厦二层租了一个12平方米的房间,几个人搬了进去。一个名为"易寻方达"的公司就在这个并不光鲜的小房间运转开了。

回顾最初创业的环境和条件,李赛赛又是辛酸又是感动,"那时候为了节省资金做研发,我们的房间租在中城大厦二层左拐那个地方，卫生间总是泡水，各种设施也不完善，挺苦的，但是当时做得特别认真。"

在团队的坚持下，公司度过了大半年的亏损期迎来了收支平衡，虽然波动还是比较大，客户量也并不稳定，但是公司总算在赚钱了。开始赚钱了，这对于创业团队的所有人员就是一个天大的喜讯。李赛赛说起当时签下一个客户时，"能高兴得跳起来，简直是人生一大快事。""这种感受只有在创业的时候、为自己做一件事的时候才会有。"李赛赛说。这也许正是创业对他的致命吸引力所在。

然而，正如所有经历了创业的人所说的，创业遇到的困难总比你想到的多，尽管经过大半年的努力，到了2013年底公司小有盈利，但是公司业务却没有就此进入高速发展的轨道，问题一个又一个凸显了。

"这世界上有些事，不是努力就一定能成功"

李赛赛对于他的第一次创业没有丝毫的后悔，但是说起第一次创业是如何不得已偃旗息鼓，他仍旧满是唏嘘，夹杂着一些遗憾。

尽管公司也曾签下过南京青博会甚至中石油这样的大客户，也曾一度时间收益良好，但是技术上的问题随着时间推移越来越严峻：技术在研发阶段进行测试时没有问题，但放到实际运输环境中去运行却问题不断。

"实验室测的数据是很好的，但是到了室外颠簸的运输环境中，技术的性能就会变差。"李赛赛说，"不断有客户反馈技术故障，那段时间简直太痛苦了，这边一大堆的仪器故障和问题反馈，那边又生产出不知道卖给谁的产品。"

或许是往日艰辛实在太浓，李赛赛描述起当时的处境犹心有戚戚。

"有一次，我的员工在那里忙，忙前忙后，我坐在椅子里，觉得非常茫然，我不知道我该做什么，有可能跟我们产品挂钩的人我都联系尽了，把通讯录翻了一遍又一遍也想不出我还能去联系谁拜访谁。这种茫然我之前是没有体会过的。"李赛赛说，"创业和做职业经理人太不一样了，职业经理人总是有目标的，但是创业者却常不知道路在哪，甚至就连明天该干什么他可能也不知道。"

除了客户量陷入瓶颈以外，资金也一直是个问题。因为团队一有盈利就增设备、买仪器投入研发，所以资金总是处于不畅和短缺。"研发是个早期积累后期产出的东西，我们钱都压在里面。我甚至因为想要找点补贴而去做家教。"李赛赛说。

"你们没有尝试找投资吗？"我问。

"有一些财务型投资也有些战略型投资找过我们，但当时心气高，不愿意过早谈投资，挑挑拣拣不接受，自己死撑着。"李赛赛说。

让公司遭受致命重创的可能是2015年天津爆炸案。李赛赛团队的技术百分之九十是供给石油化工品运输的，因为监控探测设备在使用中可能会产生电火花，天津爆炸案后，各大企业都不再敢用他们的产品，尽管在物流运输中，适时的监控和探测是一个需求，但是考量起成本和代价，这个需求很可能就被取消了。

这个转折给李赛赛的团队一个颠覆性的重创，惊人的客户流失率、技术上几乎无法攻克的难关，让那段时间的李赛赛焦虑万分，他身体很虚弱，反复生病甚至一度感染肺炎。

好在时过境迁，即便说起过去仍难免感叹，此时的他已能转过身来做总结发言了。

"有时候你以为你的产品是刚需，但只是个伪刚需。我们的企业做的东西是很好，但是对于市场来说，成本太高，再加上有风险，他们就不再愿意为这份需求支付高的成本。"

我问："从大公司的大船跳到创业的小舟并且经历这么大波折，后悔吗？"

李赛赛笑道："没有，小船有小船的好，尤其是，自己掌舵、好多人一起往前赶，会有一股不容小觑的力量感。

那种感觉和你在大船上做螺丝钉是不一样的。"

客户流失不久后,李赛赛团队基本"山穷水尽了"。"当时正好有一个温州的企业,愿意购买我们整个企业,把这一套搬到俄罗斯去用。我们商量后决定卖掉这个企业,算是全身而退。"

作出这个决定是不容易的,这不难想见,对于任何一个创业者来说,企业就如同费劲心力哺育大的自己的孩子。李赛赛说起这些语气也不无沉重。

"我当时跟我们几个创始人说,这个市场我已经看不懂了,卖是不得已,但也没有别的办法。"

第一次创业到这里就算画上了一个句点。

李赛赛后来说:"这世界上有些事,不是有价值加上努力,就一定能成功,就像诺基亚,没有做错什么,但是失败了。市场这个东西有时候像'命'。"

不过,令李赛赛欣慰的,是在经历了一次不算成功的创业后,合伙人还是朋友,他们并肩作战的情谊从未消散。"大家仍旧愿意以后一起做个什么事,这一点我觉得是最宝贵的。"李赛赛眼中光芒闪动。

"不要神话创业,也不要妖魔化创业"

奋战的岁月在回首时会更显浓稠,留下比当初更多更深的感触。

"创业并不风光。"李赛赛说,"创业是集中精力做一件事,是你的智商情商各种能力和你全部资源的总爆发,不可能不辛苦。我们总是看到一个企业上市的风光,但是常常忽略他们在人后的辛酸,创业时候,压力都在你头上,你没有回旋的余地。创业没有退路。"

确实。说创业不风光,或许更多指一种对待创业的态度。创业不是请客吃饭和开洋气的会,而是一群人的冒险和打拼,是一次次的困顿和战胜、挫败和起身。

真正的创业者是不贪图表面风光的。正如李赛赛所说,"不要神话创业"。

"但是也不要妖魔化它。"李赛赛打了个比方。

"这就像爬山,前面再多人告诉你,这山是一座秃山,上面没什么可看,也总有人会继续往上爬亲眼看一看。不是不信山顶上的风景没什么好,而是,往上爬的过程,这个动作对人来说,有不一样的意义,风景好不好则在其次。爱爬山的人,喜欢的其实不是那个山顶。"李赛赛打趣道,"就像总会有人觉得,苦日子是值得过一过的。"

过去再多困苦艰辛,到今日,其实已半埋心间半作笑谈。李赛赛谈起那次功败垂成的创业,直言收获其实要比代价高,他收获了稳固的伙伴情和最深切的经验教训,那些攻坚克难的经历则化成一笔财富,让他在这个咖啡厅里聊起过去时字字真挚、句句笃定,个体的体验因为这份真而变得富有教益。

比如,在聊天中,李赛赛像一个管理学大师一样金句频出。

"领导权是不能让出去的,创业中思维碰撞太多,一把手必须有态度。"

"你的产品要有最小可行性,要把最基础的功能做好。"

"先对得起员工、后对得起股东、再对得起社会。都要顾及，但有顺序。"

每一句都发自肺腑，踏实诚恳。

李赛赛强调："创业也是做人。输了生意不能输了人。生意可以不做，诚信不能不要。"

散伙时，李赛赛和几个创始人结清了员工的工资，退还了所有的押金和退款，答应员工的户口问题和孩子入学问题都不折不扣地兑现。

这样的结尾，似乎让创业失败团队解散这件事不再那么落魄，反而染上了悲壮和端肃。或许这就是李赛赛说的，生意中持住"做人"的意义所在。

卖掉易寻方达是2015年10月的事。"失业"后的一个月里，李赛赛在家练了一个月的毛笔字，温习了读MBA时落下的课程，还读了曾国藩。他喜欢历史，喜欢从历史的尘埃中汲取沉淀的力量。

"一个很简单的道理是，你做过的都是别人经历过的事，你觉得很苦，比你苦的人更多，你觉得成功，比你成功的也更多。这些都会让我们不那么轻易骄傲或者自卑。"

谈话至终，李赛赛为这席谈话做了一个总结。

"一个创业者必须要有的特质，首先是谦虚，我不相信一个成功的创业者，他是一个不谦虚的人。"

"其次是踏踏实实，脚踏实地。"

"最后，是想开点。过于较劲，就像抓沙子，抓得越紧，漏得越多。"

经历风雨未必能见彩虹，但是会教你珍惜每一个有太阳的日子。

现在的李赛赛，已经在新的公司——蚁安居——开始新的事业，依旧干劲十足，也依旧谦虚谨慎，如果说比起曾经的他有什么不同，那可能是多了份生活的圆融和通达——认清局限后依然相信努力的价值。用他的话说，"经历了创业，人会更实在一点。"

做事做人，善始善终，做人做事，慎始敬终。这或许能概括李赛赛现在的处世信条。也应该成为每一个创业路上的人的信条。

（撰稿：刘玲斐）

童红雷：守护中华瑰宝传承历史记忆

创业者小传：

童红雷，出生于1970年12月，北京融安特智能科技股份有限公司董事长、鄞州北京商会副会长，荣获国家档案局优秀科技成果三等奖、国家档案局《档案库房一体化管理系统》项目负责人、国家档案局《珍贵档案展陈保护技术研究》项目负责人、国家档案局科研所《档案库房空气质量分析与控制技术研究》项目负责人、中航工业档案馆《特殊行业（国防工业）档案安全技术研究》项目负责人、国家档案局《档案库房智能环境监测控制云平台》项目负责人、北京市通州区2017年科技创新人才。累计完成国家专利40项，部级成果2项。截至2016年通过发明专利6个，实用新型专利27个，外观专利7个，软件著作权13个。累计知识产权总计53个。正在申报中专利28项。作为唯一企业负责人，参与国家档案局国家行业标准《密集架智能系统技术规范》制定。

融安特是国内最早实现智慧档案馆研发、设计、生产、智造全产业链布局的企业。是国家档案学会（国家档案局事业单位）档案存储设备类、档案保护设备类双定点生产企业，独家制定了档案密集架智能管理系统技术规范的国家行业标准，独家承接了国家档案局五项科技项目研究，参与了国资委《大数据背景下中央企业信息资产管理技术研究》、国家电网《智慧型数字档案馆》技术研究。目前融安特公司研发的《基于物联网的（通州区）城市数据智慧感知利用平台》已经被北京市通州区科委立为2017年北京市科技创新项目，并获得了科技项目资金支持。

阳春三月，北京大学校友会记者前往中关村科技园金桥产业基地。在这里，我们有幸拜访了融安特科技董事长、北京大学创业训练营成员童红雷。沏一壶香茗，茶香氤氲之间，童先生向我们娓娓讲述他这些年的创业故事。

情怀开启创业之旅

2011年，已经在销售行业中有了一定成就的童红雷，想要离开销售领域另辟新径。他决定转战一个听起来颇为生僻的领域——档案保护。

童红雷对档案工作的兴趣和一份情怀牵绊在一起。"我觉得，档案是一个国家历史文化最重要的一个载体，是一个国家文明的重要组成部分，国家的文明是用档案的形式固定下来的。我们的工作，不仅净化档案保存环境，也保护了档案从业人员的身体健康。这两件事情对整个社会有重大贡献。"

然而当时档案行业与其他行业相比技术水平低而且发展缓慢，尤其是，智能化程度欠缺。2011年前后，市场上的档案密集架完全不能满足客户的需求，档案行业迫切需要新思想、新理念、新技术。于是，童红雷开始从自己熟悉的密集架着手，研发先进的档案智能化设备。"既然市场上买不到，那我就成立一家公司，自己研发、生产智能化档案设备，把传统的档案设备制造变成智能化、互联网化的高速发展的产业，进而用自己的努力推动档案产业的高新技术发展，为档案产业做'互联网＋'，做'智能化＋'。"这就是童红雷当时创立融安特的初衷。

很多珍贵档案由于担心损坏因而被束之高阁"珍藏"，这无形中降低资料价值；童红雷开发的系统正是帮助解决这个问题。他力图开发一套新的技术系统，使得档案无论在封存状态还是展示状态都能得到切时的保护。

他的技术是通过恒温恒湿、空气净化、脱硫脱酸、防火防盗等措施来实现的。

科技和机遇交织出活力

融安特目前的研发团队由一百余人组成，各类知识产权达一百多项，并且公司规模、市场份额、经济效益都处于不断扩大和上升的时期。目前，融安特拥有一个国家标准制定、两个国家科研课题，并且提出了'智慧档案平台'。融安特的"档案库房一体化智能管理系统"是国家档案局2014年的科研项目，荣获国家档案局优秀科技成果三等奖。此外，融安特还是首家针对档案库房的空气质量问题进行专项治理的企业，承担了国家档案局科研项目'档案库房智能环境监测控制云平台'，对于当下人们最关注的PM 2.5、TVOC等问题提供了新的解决方案，并且首次提出对档案从业人员身体健康的保护。童红雷谈起这些公司的科研成果时如数家珍。

在童红雷的主持下，融安特创新了档案的日常管理模式，提出了档案软件和档案库房设备"一体化智能管理"，实现了电子档案内容与档案实体位置的无缝对接，并对档案库房的空气质量进行了专项的治理。传统的库房空气治理大多只是针对温湿度的控制，融安特的环境解决方案有效地对温度、湿度、PM 2.5、TVOC（总挥发性有机物）、PM10等进行监测、控制和治理，PM 2.5一次净化效率可达到95%，这既保护了档案实体的安全，也保护了档案从业人员身体健康。

然而，一如大家的共识，创业的道路绝非一帆风顺。技术的研发、产品的制造或许可以下功夫钻研，但行业竞争、客户认知与接受却并非人力可控。2013年，融安特一度进入发展瓶颈期。企业还要不要做下去、做下去企业的前景会怎样、档案产业前途如何等一系列问题萦绕在童红雷的脑海中。2014年中共中央办公厅、中华人民共和国国务院办公厅《关于加强和改进新形势下档案工作的意见》（以下简称《意见》）的印发，成了融安特发展的一个契机。国家对档案工作的重视如一夜春风吹绿兰台大地，《意见》印发后的一年多，全国档案行业进入一个新的发展期。融安特也趁着行业的春风收获满满。

科技和机遇交织出了融安特发展的新活力，"为守护中华瑰宝、传承历史记忆作贡献，这是融安特的职责所在"，童红雷说道。

北创营启动新征程

2014年夏天，北京大学创业训练营响应国务院的"双创"号召，从报名的一千五百多名优秀企业家中遴选出七十多人组成了一个班级，童红雷名列其中。

童红雷无比怀念那段美好的日子，"北创营对我们整体发展各方面都有很大的影响。营里七十几个同学，位列

'国家千人计划'的就有9位，俞敏洪师兄亲自讲述自己创业的经历和感悟，老师们教我们'创业的36条军规'，到处都是'榜样的力量'。北大精神感染着我，也让我对创业有了更深的理解。"

童红雷坦言，作为中小企业，最开始时总以自己狭窄的看法来定位企业发展，北创营的培训开阔了自己的眼光、视野和格局。从做生意赚钱到发展一份事业，从单纯的产品生产到整个产业的发展，童红雷对创业的认知经历了一个转变，变得越来越深入和透彻。此外，童红雷坦言，训练营坚定了他的担当意识和使命感。创业者应热爱自己从事的事业，应内心有爱有召唤。"北创营坚定了我与档案行业同呼吸、共命运的信心与决心。"

"我特别感谢我的班主任侯军老师，他是我的良师益友，也是我事业的合伙人。还有我后来收到的投资，都是来自北创营的五个朋友——两个是同学，三个是老师。非常感谢他们对我的帮助。"

挂牌上市转型升级

2015年12月21日，北京融安特智能科技股份有限公司新三板挂牌上市仪式在北京全国中小企业股份转让系统有限公司隆重举行，融安特成为国内档案行业首家新三板上市企业。此次成功在新三板挂牌上市是创新与资本的结合，对于融安特来说具有里程碑的意义，标志着融安特的发展迈入了一个全新的阶段。

"去年在年会上提出的主题是'信心'，当时准备在新三板上市时，并不被公司的高管看好，和同行业企业相比，我们体量小，历史短，但是我当时觉得新三板上市将会对公司人才引进和股权改革起到无法估量的有利影响，因此促成了我们公司成为这个行业里第一个挂牌上市的企业。未来融安特会牢牢把握这个历史机遇，充分运用资本市场的优势，将融安特打造成为可持续发展的优质上市公司，为中国档案产业的发展作出更多贡献。"童红雷说。

融安特一直没有贷款，最初是个人独资企业，参加北创营之后，得到来自北大师生的投资；银行融资方面，公司目前依赖较小，将来或许会较多考虑银行融资的途径，因为相较而言，银行融资比股权融资的成本低。童红雷坦言："公司在新三板上市之后，一方面是想要以此规范自己，促进公司的健康发展；另一方面也是要提升股权结构，建立伙伴合作经济。"

"伙伴""分享"，是融安特的重要理念。融安特2016年会上提出的主题是'伙伴'，让合作企业、投资伙伴、公司员工共享企业盈利成果。

童红雷自问自答道："融安特即使发展到今天，在这个行业中也只是冰山一角，仍然是档案界最年轻的企业，如何做传媒建设、时尚传播、市场占有？我们想要通过互联网的连接、线下互动连接，产生服务，产生数据；用服务产生用户的输出，用数据更好地服务我们的产品。"

"我们要用我们的品牌说明我们的理想。"童红雷说。

展望未来风光正好

"融安特有幸在如此好的时代成长,国家号召的创新、创业和互联网＋为整个档案产业的智能化发展奠定了良好的基础。企业应该承担一份更大的责任。对融安特来说,这个责任就是协助档案部门保护好、展示好可称之为中华瑰宝的各级档案馆的馆藏档案,让档案能够始终存在下去、传承下去,为人类的文明提供真实的记忆。"童红雷如是说。

融安特目前的主要客户,是政府机关、央企、学校等。今年融安特又推出两款管理软件,一款是高校的档案管理软件,一款是人事档案管理软件,目的在于避免档案被随意修改,简化档案管理程序。高校版的APP管理软件,通过手机端就可以查询自己的档案信息。此外,珍贵档案的保护是融安特的研究重点,融安特试图改善原来的无针对生产,深入到细分市场,做有针对性的设备。融安特今后将一直专注于档案产业智能化领域的研发、设计、制造,倡导档案管理一体化、设备运行智能化,践行融安特自己打造的'库联网'的概念。

"我们目前的定位还是初创期,在创业初期,我们考虑的不是占有多大市场,而是如何创新,如何在行业中成为一个领袖,如何更好地保护档案,如何让整个档案的产业链形成良性的影响。目前我们是这个行业中唯一有完整产品线的企业,未来我们将会在这条产业线的每一个节点植入新的想法,使整个产业链丰富完善起来。目前我们已经完成了全产业链知识产权方面的布局,下一步将考虑如何把产业链做强,真正成为档案领域的领袖。"听着童红雷平静而有力的讲述,融安特致力于构造的美好"未来"似乎也清晰浮现在眼前:在不久的将来,所有的档案设备都将通过标准化的接口互联,共同实现档案智能化管理,档案管理更简单、便捷、高效;恒温、恒湿,无任何有害物质的环境中,档案整齐有序、"悠然自得"地"躺"在干净、整洁的智能密集架中;档案工作者身体健康有了科学保障,白大褂、口罩等因为工作环境的安全而"失业",日常工作只需"一键完成"……

每一个创业者都是因为在自己心中存了一份"志业"才能走下去。对于童红雷来说,守护档案瑰宝,传承历史记忆,就是他的志业。

"我们坚持在档案领域不改变,不管以后企业规模有多大,收入有多少,我们的根,我们的基,一定是档案。我们的信念,就是守护和传承档案文化。1997年到现在,20年了,我一步也没离开档案。保护档案就是我这辈子能给人类做的最大的一件事,我一定要把这个事情做好。"

(撰稿:齐华瑞)

崔建军：敢立潮头游蓝海

创业者小传：

崔建军，1979年3月25日出生，大连集思特科技有限公司总经理、大学生创业导师。曾获得大连创业ABC年度盛典颁发的"最佳市场潜力奖"，大连市人社局和大连广播电视台颁发的创业英雄奖，大连财经频道《对接梦工厂》LED智能玻璃最具市场潜力奖。大连黑龙江商会颁发的"龙商之友"奖项。北京大学创业训练营大连特训班一期营员。

2013年创建的大连集思特科技有限公司，是一家专业从事LED多媒控制系统的软硬件相关产品自主研发、生产和销售的高科技企业，目前是国内LED控制领域里最齐全的专业高科技企业。

2016年春天,在"北创营"大连营地一楼的办公室里,提着公文包,穿着干练,走路步幅很大,一副很精干的模样。他说话语速很快,表情平静,很少能见他笑。他身上有那种"老工业基地"的严谨范儿,让人很难相信他是一家高科技公司的创始人,这是对崔建军的第一印象。

走向创业:雄关漫道真如铁

2002年崔建军毕业于哈尔滨工业大学,他的第一份工作是在大连惠普公司做一名技术工程师。2012年,34岁的他决定离开公司自主创业,在到韩国考察了多个项目后,他最终选择了LED智能玻璃作为创业方向。回国后,崔建军和几位好友一起成立了大连集思特科技有限公司,研发LED智能玻璃控制技术。目前,他的"智能玻璃"已在大连、天津、上海等多地大展身手。

崔建军说,因为自己学的是计算机专业,毕业以后就想靠技术吃饭,所以选择到惠普做软件开发。2006年他从技术岗转到销售岗,对于这三年的转岗期,崔建军自己说"其实就是卖电脑的"。然而,这个"卖电脑的"2009年却做到了惠普东北区销售总监,也是这时,他萌生了创业的念头。关于创业,崔建军认为,创业必须接地气。为此他在2009年跳出了惠普,来到一家他认为比较基础和基层的系统集成公司上班。崔建军觉得,如果他一直在惠普工作,或者说在IBM工作,创业不一定能成功。

但事实上,这家系统集成公司虽然比不上惠普规模庞大,但在业内也小有名气,它在沈阳、大连、哈尔滨、长春都有分公司，雇员有四百多名，并且在 2014 年就成功完成了新三板上市。在这家系统集成公司工作三年，也带给崔建军很多有益经验，尤其是丰富的人脉资源，这对于他后期创业大有帮助。

2012 年崔建军离开公司，去韩国考察找项目，他觉得智能玻璃这个项目很超前，便即刻回国进行调研。调研结果让他意识到，智能玻璃在中国市场很不成熟，虽然也有七八家在做，但技术都停留在人工切片层面，并且都没有什么技术创新。此外，当时智能玻璃都是单色，尚未实现全彩技术突破。这一系列的"缺漏"在崔建军看来，都是良机。崔建军回忆道，当时之所以选择这个项目，主要有两点原因。第一是比较超前，因此市场空间比较大；第二则是崔建军认识一批有科研技术的团队。他的合伙人们都是毕业于哈尔滨工业大学，本身学光电专业的，和智能玻璃技术也比较对口，所以顺其自然地就把这个项目引入过来了。

然而，创业的过程也并不是一帆风顺的。崔建军回忆和总结了创业过程中遇到的最大的两个困难，一是人才，二是资金。

创业第一大的困难是找人。它虽然只是一项玻璃相关的技术，似乎不算高新，但是这个技术涉及了七八个关键的技术环节，至少需要 3～5 个核心人员。而这些技术人才在当时的市场上比较少见。

为了解决这个难题，崔建军只好求助母校和其他兄弟高校。他依托哈工大，拉起了一支技术队伍，成员都是校友，并且比他大很多届的老校友居多。崔建军本人是 2002

届,但他的合伙人基本上是80年代毕业的学长学姐。这些技术人才都是光电专业毕业,毕业时中国技术市场还很落后,他们一身技术却未能在实业领域施展,收到崔建军的出山邀请,他们纷纷应允。崔建军的技术团队由哈工大的8位教授带队组成。崔建军说,这些教授都是学术界的佼佼者,他们加入创业团队不是为了钱,只是为了争口气。既然德国、韩国都能做,那我们中国也能凭借自己的技术开发整个产业。这就是集思特这个团队的由来。

第二个困难是资金。崔建军说,从开始创业的2012年底开始到2014年,这两年一直存在资金短缺的问题。当时公司只能自筹资金,公司的7个股东自己投钱。最艰难的时候,股东是没有薪水的,甚至有时候连暖气费也交不起。从2015年起资金状况才慢慢好转,"能交暖气费了,能租得起房了,而且我们也换了大一点的房子,原来的房子79平方米,很小,现在有400平方米,场地方面,政府给了不少扶持。"

选择智能玻璃这个项目有机缘的成分在。崔建军说,在他做销售的期间就有意识地接触各个产品,寻找适合创业公司做的项目和产品。当时首先想到的就是"老本行"——系统集成。系统集成是给公司提供电脑、服务器,包括ERP等,像东软、华信等都是大型的系统集成商。但崔建军始终觉得市场富余空间有限,商机不大。而智能玻璃项目,则是崔建军一个在韩国的同学请他去考察的。崔建军笑着说:"他特别想创业,但是他在韩国和中国不接地气,他缺人脉,而我缺产品,于是一拍即合。"

经历创业：拨得云开见月明

集思特智能玻璃打入市场的过程也是经历了一番波折的。产品投放首选当然是商业类，然而商业类下细分种类也很多，比如酒吧、万达广场一类的商场、高级酒店，或者设计院、传媒公司等，这些都需要不同的产品投放策略。经过一年多的试错，崔建军确立了自己的产品投放模式：找一家传媒公司找个甲方（比如万达），再加上集思特，形成一种三角模式。传媒公司负责找广告、招商、出口；甲方业主提供大的外立面，并进行维护、供电、保养、对外；集思特则负责产品安装设计、施工。崔建军说，现在他们正尝试另一种新模式，这个新模式有点像银行或者基金，即集思特公司的项目由基金公司投资。崔建军表示："最早的模式是直销，和别人讲这玻璃好希望大家买账，但是它太贵了，往往不了了之。于是我们发展了三角模式，三家公司相互合作共进退，大家全力把事做好。"

集思特公司在2012年初创时只有2个股东，2014年扩展为5个，到2016年增加至8个股东。公司部门囊括了研发、销售、客户等多个生产管理部门。公司现有雇员35人，计划在2016年下半年突破50人。崔建军选拔人才要求高精尖。因为公司目前重在研发，没有时间从头培训和培养员工，因此，公司里没有本科生，都是在大学期间就有科研经历的研究生。

在公司具体的运营过程中，崔建军也积累了很多经验。崔建军表示，从头运营一个公司，首先要先找技术人员，把这个空填好，就可以把技术这块"甩出去"。在研发产品的期间才开始主攻商业模式试错和市场，但这个时候不能着急，因为产品没出来，市场暂时不买也没关系，只是打探一下市场能否接受这个产品和价格。集思特在这个过程上持续了一年多时间。产品出来了，崔建军的试错也结束了，模式也成型了。崔建军总结道："我不是什么都抓，我们的模式就是各司其职注重顺序。"

崔建军也谈了如何平衡技术投入和市场商业发展之间的关系。他说，技术前期投入是不惜成本的。"前期不要考虑成本，所有精力都压在技术上，为什么呢？技术没做成，你就算把市场跑完，也没有结果。"等技术成形了，就可以把资源全面倾向销售。崔建军总结了技术与市场的"二八定律"，市场和产品不成熟，就把20%的资金用作销售，80%资金用于研发；如果成熟了，这个"二八"就马上调回来，80%的资金用于销售，而20%的资金用于研发。崔建军说，集思特目前基本进入了市场阶段，下半年计划招的20多人全配给销售部门，研发只需要保证稳定性。工业产品不需要追求花哨，盲目的花哨可能导致产品结构的破坏。保证产品质量和寿命，就是后期技术的主要使命。

崔建军也点评了目前整个行业的发展状态。他说，集思特做的企业是蓝海，蓝海创业是最难的，红海里边都有鱼，蓝海可能没有鱼，做蓝海的公司都是开拓者，但是做不好就成"先烈"了。崔建军通过调研发现，智能玻璃市场现在正在发展壮大的过程中，深圳大大小小有七八家公司，上海有两家，南京也有，这既说明这个产品有市场前景，也说明任何一家都不可能独占这一块风景，并且任何一家都存在优势和短板，没有哪一家服务到位从而垄断整个行业。因此，崔建军强调对市场竞争应有积极的态度，努力把技术充实好，用技术充实市场，这样技术才能变成回报。崔建军说道："这个东西看起来是黄金，但要把它变现了才是真正的黄金。"

创业中的人与文化

崔建军创业的心态是非常坚定的。创业初，他就与合伙人订立了共进共退的原则，"把梯子抽掉"。"既然做创业公司，那就要专职做，不想东想西。"他的心态一直比较平和。他坦言，第一次创业就成功的机会是很小的，而集思特公司现在能坚持3年，已经给了他不少成就感。

好的心态离不开好的公司氛围和文化。崔建军认为，团队成员之间一定要信任，彼此的信任是排在第一位的；共事者一定要诚实守信，人品很关键。他坚信，一个人的能力是可以培养的；但是人品往往稳定。正因此，集思特公司在招聘期间有个《人品表格考核》，根据表格打分做评定，以粗略判断对方是不是公司想要找的人。崔建军坦言，自己在招人时，要跟应聘者聊最起码三到五次，"要聊透这个人"；此外，勤奋也是必要的品质，创业公司如果不勤奋，被市场淘汰的概率就大得多。不过，崔建军也提到企业必须要制定激励性制度；集思特公司采取了期权的模式以激励员工，这效仿了华为的做法。"期权虽然收益小，但还是用期权制，等三年以后我们资本上来，期权转股权，收益就会大。这样就会牢牢把人心抓住，人只要心齐了，这个公司就能成。"

提到老话题"企业文化"，崔建军笑道他态度"很灵活"。"要大谈文化其实太容易了，文化这类目标一般都是给股东讲的，而给员工讲的目标就是今年奖金发多少，其实这也是一种文化。"不过，他还是承认，信任氛围对公司而言是十分重要的，老板要承诺的事情一定要兑现，否则不要轻易承诺。"我认为我本人是做到了的，公司运行了三年多，员工流动率基本是0。除了一些行政上的原因，或者是结婚生子这些人情常事，我的人都能待得住。"

或许正是因为他这份"hold住一切"的云淡风轻，创业对他来说才会越来越从容，优哉游哉，怡然自得。

（撰稿：陈叙同）

冉宏宇：让中国新风飞向世界

创业者小传：

冉宏宇，1973年出生于河北省蠡县。1995年本科毕业于中国科技大学机械工程空气动力学专业；1995年6月进入美国加州理工学院学习，1996年获得加州理工学院空气动力学硕士学位；2004年6月获得加州理工学院空气动力博士学位并留校任教，任职研究员，从事空气动力学的研究；2006年2月—2009年2月，就职于美国加州国际领先的知识产权研发公司TESSERA INC，担任主管工程师和资深项目经理；2008年1月，当选为IEEE Semitherm，IMAPS.等专业国际组织的组委会成员和会议专题主席；2009年7月，回国创立了苏州贝昂科技有限公司，并担任董事长。先后获得苏州工业园区科技领军人才称号、江苏省高层次创新创业人才称号、苏州市姑苏领军人才称号、国家千人计划称号。

空气动力学专家、中组部"千人计划"成员、国家863室内空气净化技术课题评审专家……尽管拥有众多荣誉称号，冉宏宇还是多次在不同场合称自己为一个"理工男"。这个称谓不仅是在传达一种谦虚朴素的态度，更体现了对自己所在技术领域的自信。作为"学霸"出身的创业者，他毫不掩饰自己对于科研的热情，同时也从不避讳谈论自己最初面对商场诡谲斗争时的无奈。

实验室中热火朝天的研发与会议室里针锋相对的谈判相互交织，构成了冉宏宇创业之路的变奏曲。

从中科大到加州理工

冉宏宇1990年考入中国科技大学，选择空气动力学作为自己的专业。钱学森作为首任系主任，使该校空气动力学的科研水平名列国内前茅，也让冉宏宇有机会聆听钱学森、郭永怀等大师的亲炙弟子的授课，为将来的深造奠定了良好的学术基础。

20世纪90年代，留学热刚刚兴起，冉宏宇和他的同学也不例外，校园生活的主要内容就是读书，考试，申请出国。他曾在接受另外一次公开采访时表示："那时读科大就是奔出国去的。大家几乎一进学校就开始读英文，考托福考GRE。"而在那个新东方和各种红宝书还没有诞生的年代，考高分的唯一途径就是背单词，周围有同学把整本英文词典背了好几遍，"大家像牲口一样学习"。

聪明加上勤奋，冉宏宇1995年大学毕业时，凭借全年级第一的成绩，同时申请到了加州理工学院、斯坦福大学和麻省理工学院的全额奖学金。那时,唐骏刚刚来到微软,《生活大爆炸》谢尔顿的扮演者吉姆·帕森斯还没有大学毕业,相较于斯坦福和麻省理工在国内妇孺皆知的名气,加州理工只在学术界享有盛名,但最后他还是选择了这所学校。"我选择加州理工主要原因是因为这是世界空气动力学的圣殿,钱学森的母校。他和他的导师西奥多·冯·卡门在这里一起开创了火箭时代。"在另一篇关于冉宏宇的报道中,他这样描述自己当初的选择。

在加州理工的几年里,冉宏宇将全部热情都倾注在了自己喜爱的计算数学、空气动力学研究里,完全融入了那个全是科学牛人的世界。回忆当年疯狂学习的阶段,冉宏宇不无深情地表示,加州理工让他"真正接触到了科学的灵魂"。从1996年到2006年,从硕士到博士后,十年严格的学术训练,不仅进一步锻炼了他勤奋求索的品格,更奠定了未来创业的基础。

起步硅谷初创专利,合作苹果意外收获

硅谷是一个让科技天才兴奋的地方。加州理工几乎有一半的毕业生留在硅谷,他们之中的大部分人去了创业公司,因为比起已经进入稳态的大型上市公司,创业型的小公司提供了发挥个人能力的更大舞台。这些"极客"们相信,前途的不确定性,恰恰是让人兴奋、激发潜能的所在。

2006年毕业后,冉宏宇在一家专注于电子、微电子、半导体领域创新的技术和产品研发公司 TESSRA 任高级工程师。公司虽然小,当时的市值却已经超过20亿美金的市

值，人均市值甚至远远超过谷歌；它的商业模式很特殊，唯一的产品就是知识产权，知识产权以专利许可的方式卖给大公司。他在TESSRA待了三年，期间不仅经历了让他下定决心出来创业的转折，还邂逅了自己一生的知己和伴侣。

当时，苹果公司为解决第一代MacBook Air的散热风扇噪音问题而在全球寻找优秀的风扇设计研发者，冉宏宇由此与苹果结缘。时至今日，冉宏宇依然庆幸自己参与了这个苹果公司委托的项目，即利用离子风帮助笔记本电脑降温降噪。为了满足苹果方面对于风扇高散热性、体积小和低噪声的要求，冉宏宇和另一位电子材料学的博士组建了一支10人的团队。这个团队云集了世界各地的顶尖电子学、材料学专家，他们采取了将空气电离后接上电场的做法，在电场力驱动下产生的离子风，不需风扇也可以产生很大的风量，同时也不产生噪音。

2007年，项目团队的研发成果发表在3月刊的行业知名学术期刊上，不少学者称这种离子风原理优化和应用到小型模块的做法是一个里程碑式的创举。该发明也被《麻省理工科技评论》（*MIT TECHNOLOGY REVIEW*）评选为当年最有创新性的技术之一。

但是苹果公司却并不买账。离子风技术虽然满足了苹果方面的一切要求，却造成金属内壁表面短时间内即吸附大量灰尘，使得苹果电脑精良的内部设计成了藏污纳垢之地。项目不得不终止。

与苹果合作的大门关闭了，而离子风强大的吸附能力像是一把钥匙，意外为他打开了另一扇大门。与他一起创立团队的好友提示他，"相比起降温降噪，能吸附灰尘是离子风更大的优势"，这句话让冉宏宇想到身在河北石家庄的父母还在呼吸重度雾霾，担忧中灵光忽现，他开始着手利用离子风技术制作空气净化器。最终在好友的车库里，二人一起发明了一款不用风扇、不用滤网的空气净化器。冉宏宇决定和好友一起辞职回国创业。

谈起自己当年的这个决定，冉宏宇表示，"那个时候身边的一些所谓成功人士大多都有房子有孩子，生活也归于平淡了。可是我们当时是怀揣抱负出国的，如果精神上缺少成就感，我会感到彷徨"，"作为70年代出生的人，我们受的是最正统的教育，总有一种'科技报国'的情怀。看到中国发展迅速，正在由'中国制造'向'中国创造'转型，感到心潮澎湃"。

确定回国创业后，冉宏宇便开始筹备资金。他将在美国十几年几乎所有的积蓄都投进去，甚至还借了钱。回国前夕，他用仅剩的一点钱买了钻戒。在他准备离开生活了十六年的美国加州，准备回到苏州开始新的旅程之前，他向她求婚了。"是她陪我一起去旧金山机场，在半路上，我把车开到280高速旁边的一个小山上，山顶上可以看到蔚蓝浩瀚的太平洋，雄伟的金门大桥，绵延翠绿的草地。我把戒指掏出来，请求她一生一世和我在一起……"

这一天，是冉宏宇回国创业的开端，也是他和妻子共同人生的起点。

海归创业，贝昂诞生

2008年，冉宏宇和妻子在苏州开始离子风空气净化器的研发。2009年，苏州贝昂科技有限公司成立，同年离子风净化器产品正式进入产业化。

冉宏宇认为，创业最大的挑战就是坚持。"我们最初经历了很多怀疑，尤其是投资圈，认为中国市场不会接受空气净化器。市场不会达到美国，欧洲，甚至日本的市场规模。但我们坚持认为，中国的空气净化市场应该远超过美国的规模。因为中国的空气污染程度远远超过了发达国家，空气净化产品和水净化产品会成为城市居民的刚性需求，甚至应该超过空调、微波炉。所以我们一直心无旁骛地开发自己的产品。"

2010年年底，贝昂的净化产品开始在市场上小试牛刀。和其他空气净化产品相比，贝昂的优势是无声和免于更换过滤膜。从净化效能看，普通净化器只能净化大于0.3微米的颗粒，而贝昂的离子风技术对小到0.02微米的颗粒物都很有效，除了颗粒物外，净化器产生的等离子场还可以持续高效地去除甲醛、TVOC等装修污染。免更换耗材，可以定期清洗，并且能耗是普通产品的三分之一，贝昂产品具有极大的优势。

2012年，微博开始兴起，网民热烈讨论空气污染和净化等问题，中美领事馆关于空气质量也进行了公开辩论，信息的普及让人们知道了PM 2.5对人体的危害性，中国居民开始重视空气质量，为民用空气净化器开拓了广阔的市场。研究离子风技术多年的冉宏宇稳稳抓住了这个契机，投放贝昂产品进入市场，贝昂一经上市就引起极大关注。这一年，也成为贝昂爆发式成长期。

2014年，贝昂和某品牌爆发专利纠纷，冉宏宇认为，对方以共同开发技术为名盗取了自己的技术，纷纷扰扰的诉讼纠纷给了冉宏宇这个一心专注技术的"理工男"一个极大的打击，他第一次意识到了商场竞争的凶险和技术研发环境的复杂性。但这没能打倒冉宏宇，他开始在贝昂的品牌建设方面重点发力，发布了第三代离子风空气净化器并顺利创收，贝昂也向着空气净化器行业的领军地位靠拢。

2016年，贝昂的年销售额达到了七千万以上，销售排行也跻身前十。伴随着公司的成长，冉宏宇将重心渐渐移向销售渠道拓展和企业品牌管理。如今，从网上商城直营到经销商分销，再到入驻苏宁等实体零售"大佬"，贝昂的销售渠道愈发多元，品牌也越做越大。

虽然事业正盛，冉宏宇对大势仍保持冷静反思。他说："我们比较重视产品的品质，而不太追求过多的华而不实的卖点，这样产品的生命力会长一些。""国内的净化行业还停留在简单的民用层面，在工业用品方面其实也存在很大的发展空间。未来，我们将走更专业化的路线，要做的不止提供净化器，同时还提供家庭、办公室等空气环境的智能化综合解决方案。"对于下一步，冉宏宇已经有了清晰的规划，他要让来自中国的清新空气飞向世界，造福更多用户，这是他的"中国梦"。

参与北创营，事业新起点

2014年，冉宏宇参加了北京大学创业训练营全国班第二期，这里给了他极大的启发。2015年的北京科技周上，北京大学创业训练营率营员企业代表团参加活动，作为北创营营员之一，冉宏宇第一次站在了国家领导人身边，为其讲解这一项曾被"苹果"弃用的离子风空气净化器的核心技术。

谈起北创营对他的影响，冉宏宇表示，"我参加过不少的创业培训，北创营的最大的特点就是理论高度比较高"。他在北创营结识了许多志同道合的朋友，他们不仅帮助他拓宽了商业上的业务渠道，同时也给予了他许多精神上的支持。"我们班主任是侯军（高德地图创始人）。我和侯老师还是挺谈得来的，我们年龄相仿，有许多共同语言，从他那里学到不少企业管理经验和人生经验。"

北创营的经历注定成为他未来事业道路上的宝贵财富，无论是在物质意义上还是精神意义上。"因为创业这个过程实际上是很孤独的，大家可以互相交流，我们现在遇到的一些问题可能别的比较大的公司已经经历过了，我可以得到一些经验少走许多弯路。"

回顾自己创业之路，冉宏宇认为"坚持"这一品质对于创业者而言至关重要。"在这个移动互联网时代也许及时的转型是重要的，但在我们那一代人或在我们之前的伟大的企业其实都是经过几十年甚至一个世纪的积累，才成为一个伟大的企业。这就需要理清自己的创业目的，如果创业目的是实现财务自由,那可以稍微灵活一点,如果目的是成就一个像微软一样的伟大的企业,那就需要坚持。"

北创营的营员年龄梯度很大,有刚刚起步创业的年轻创业者,也有冉宏宇这样创业成功者,但年龄上的差异并不妨碍他们互相学习交流,对于创业后来者,冉宏宇从来是毫无保留地将自己的经验和建议倾囊相授,"现在的创业环境是最好的,对创业者来讲是千载难逢的好时机。我建议年轻人不要以赚多少钱为目的,事业是一辈子的,不要因为这一两年的辉煌而失去别人对你的信任。年轻创业者应该关心的是你能从创业中学到什么东西,要让自己能力变得更强、更有价值,要做好连续创业的准备,一个成功快乐的人生要一个阶梯一个阶梯往上走,而不是大起大落像过山车"。

谈到贝昂的成长,冉宏宇深情地说,"贝昂的事业就像我们的孩子,我们用所有的精力和热情把它培养长大,它是我们精神的寄托"。而如今,年过不惑的他和妻子也有了自己的宝宝,看着儿子和贝昂共同成长,冉宏宇的心境也愈发宁静。

为自己的心灵找到安顿之处,也许就是创业者最美好的归宿。

(撰稿:刘东奇)

曾旭东：敢于归零的创业 "老" 兵

创业者小传：

曾旭东，出生于 1960 年，电机工程学士，美国德克萨斯州大学电机工程硕士及博士学位，获选国际电机及电子学工程师联合会（IEEE）高级会员，任博士生导师。曾任跨国公司北电网络副总裁及大中国区首席技术官。拥有跨国公司北美、亚太、和大中国区 20 年的丰富研究，技术研发，及科技政策及战略经验。主要从事信息、通信、和电信科技政策及战略及移动通讯、光通讯、宽带、软件和服务系统分析与优化集成，结合绿色能源及云计算系统跨领域的研究及新技术研发。

曾旭东博士荣获 2014 年朝阳区"凤凰计划"创业类海外高层次人才；2015 年入选第十一批"海聚工程"创业类人才；2015 年入选第十二批"千人计划"创业人才。

在北京中关村创业大街见到曾旭东的时候，他目光敏锐、态度亲和，五十多岁的年龄与平易近人的性格让你不太容易将他与创业者画上等号，相比之下，他更像是一位学者，或邻家的长辈。

曾旭东博士1960年出生在中国台湾，从电机工程专业本科毕业后前往美国深造，获德州大学电机工程硕士及博士学位，后来在前身为贝尔实验室的北电网络工作，2008年因调任中国区高层而来到北京。有感于年轻时代未竟的创业梦想与中国汹涌而至的创业热潮，2012年，他做出了一个重要的决定——在五十多岁的年龄辞职创业，创办联方云天科技（北京）有限公司，致力于绿色节能数据中心、能源互联网、能源虚拟化及云计算的创新技术研发及应用。

难忘初心

通过交谈，曾旭东的工程师性格表露无遗，理工科背景的他思维缜密、逻辑清晰，对技术的发展脉络侃侃而谈，他很少谈情怀，更多的内容是关注产业发展本身。他拥有北美、亚太和跨国公司中国区二十多年丰富的职场经历，这让他对自己所做的事情有着清晰的理解与定位。

说到创业，曾旭东笑着说，他是一个创业"老兵"，不是说创业很久，而是说创业的时候年龄很大了，跟同时期创业的人相比已经算是老人。曾旭东五十多岁才开始创业，当时他已经位居北电网络中国区副总裁、CEO。决定创业的初衷其实很简单，就是要圆一个年轻时要创业却没有机会创业的梦。

其实曾旭东在美国念书的时候就已经在创业了，当时他做的是电子商务系统。这是一个通过电话机操作的自助披萨外卖系统，"你要买披萨的话，就打电话来预定，按照提示音点击按键，商店收到信息后，就会从数据库中找到买家的信息和预定披萨的规格，然后给你送到家里去，30年前的电商模式就是这样，只不过当时不是通过互联网，而是通过电话线。"

虽然这个系统在当时来说很新颖，而且如果一直发展下去现在说不定已经成为电子商务界的巨头，但当时还是学生的曾旭东一边念书一边工作，还要从事创业，时间非常紧张，也非常辛苦。而且当时公司把他派到世界各地去出差、带团队，所以他只好把创业的想法暂时搁置下来。

但在他的心里却总有一种情结放不下。在五十多岁的时候，他还是选择了自主创业。"其实我跟我儿子基本上是在同一个时间开始创业。我儿子在大学一边念书就一边创业了，我差不多是和我的下一代一起创业，但是我们创业的方向可能相差很远。在电力、通信行业，想创业又没有一定积淀的话会很难，我也在学习。我在决定创业的时候问过几个朋友我要不要创业，他们给我的建议都是不一样的，只有一个人跟我的想法是一样的，他支持我创业，那就是我的老师，他最了解我。"

曾旭东第一次到北京是1999年，他受邀请参加中美科技研讨会，并带领团队到北京、上海、深圳跟一些初创公司进行交流，当时参加研讨会的公司就包括华为、中兴等现在耳熟能详的大企业。

从2008年北电网络派他做中国区的CEO，到2012年他决定自己创业,在这四五年的时间里曾旭东一直在寻找创业的方向。曾旭东想过做云计算,做一个一体机,把网络存储、计算、再加上电源供应和储能系统,再做一个管理系统和一个虚拟桌面,这是一整套系统。但是在当时,市场上对硬件和软件的采购是分开的,两个采购部门都不太互相涉及,所以这样的产品显得有些过于超前。而且有一个朋友告诉他,做这样一个完整的系统是跟所有人竞争,将来承受的压力会非常大,而且需要投入大量的资金和资源。既然这样,为什么不做一个最有亮点的?当时做云计算的团队中,做虚拟桌面的人很多,做硬件的存储、网络和服务器设备的也很多,而节能、直流供电、能源互联网这个领域涉及的人很少。创业要学会做减法,曾旭东的团队于是就专注于能源的部分,在这个在细分市场做出了一个产品,叫作分布式的不间断电源系统(UPS),或是叫作能源路由器。"相对来说这个领域的门槛还是很高的,牵涉到系统、硬件制造等,有一些传统公司想要加入我们,因为他们要从头做很难。我们也有比较开放的心态,因为我们知道,做创新,只靠一个公司单独把市场做大并不容易,必须有产业链里其他的企业加入,所以我们欢迎这样的合作伙伴参与进来。"

深耕能源互联网

那么能源路由器是什么呢?随着"互联网+"概念的崛起,"能源互联网"概念在中国正在加速落地。"能源互联网",即把互联网技术与可再生能源相结合,在能源开采、配送和利用上从传统的集中式转变为智能化的分散式，从而将全球的电网变为能源共享网络。而其中起到核心作用的就是能源路由器，它借助网络和储能等技术使能源最大程度达到协调互动、优化配置和利用。目前，曾旭东的产品已经在国内申请了专利，国内三大运营商已经开始采用，一些互联网公司最近也开始接触。

产品推广方面，曾旭东首先选择了数据中心做切入。"我认为要做能源互联网，最具备应用条件的就是数据中心，因为它所有的环境，比如IP、信息化的管理都是相当完善的，下一步的应用就是整个电网的改革。"曾旭东告诉我们，当前数据中心这一块已经用到全国百分之二以上的电，很多地方设立数据中心，刚开始它的用电量就已经超过了整个城市的用电量。它还需要持续引进新的技术，数据中心本身就会变成电网非常重要的组成部分，因此他把数据中心看成广义能源互联网的一个子系统。

能源路由器未来可以应用在很多地方，比如高端制造业，高端的制造业对供电的品质和供电的稳定性要求很高，如果生产中途电源中断，即便就中断几秒钟，都会有非常大的损失；此外还可用到家庭的储能，这个设备本身是具备储能功能的，其使用的储能材料是锂电池，锂离子电池的充放电效率非常高，它密度很高，体积很小，重量相对轻巧；还有就是给数据中心做的能源路由器。

关于储能的概念，曾旭东给我们做了一个简单的比喻，这一技术与特斯拉电动车非常接近，只是使用场景不同。一辆特斯拉电动汽车的电池容量相当于数据中心15个机柜的用电量，特斯拉在公路上的用电量和1个机柜在数据中心的用电量是一样的，只是数据中心有供电系统的，而电动汽车则需要负载十几个电池。所以新储能技术的应用在未来是非常广泛的，这也是为什么曾旭东选择把通信网络的设计方式放到电源传统的产业里来做一个跨领域的创新产品的原因。

其实像曾旭东这样的创业者，面对的困难不会在于技术方面，因为他们有足够的研发经验和技术积淀，曾旭东们面临的最大的挑战是，怎么让市场接受一个全新的东西，以及在市场接收期这么长的时间里，资金流怎么掌控。曾旭东给我们讲了一个故事，"在一年半到两年前，我们的创业基本上没有人投资，我的朋友也在做投资，他很直接地告诉我，因为你的创业理念不够 sexy，不够吸引投资人眼球。因为他们现在都在投互联网+，投 O2O，投短平快的东西，而你的产品是在新能源领域，我们的投资人就没让我投这个领域，因为你的产品周期比较长，虽然前景不错，但我们还是倾向于回流资金更快的项目。"正因此，那段时间曾旭东过得很辛苦，没有投资人，客户也在观望，都是在硬撑。"每一个企业都有一段被接受的时间，可能不会很快，要慢慢地积蓄力量，最后才会有一个爆发点。"

创业者要敢于归零

创业初期，曾旭东的产品刚推出来，去参加展会或演讲，只能在一个小的公共讲台上展示，还得给会务方缴费。因为一切从零开始，大家还不了解这个公司有什么实力。但是随着了解的加深，它的价值开始被发现，后来每有活动,都是会务方主动邀请曾旭东前去参会并发表演讲。但这个过程至少经过了两三年时间,因此,创业者需要耐得住寂寞,要能承受住位置的转变,从一无所有到重新走上舞台,这个转变是让人非常有成就感的。曾旭东说:"要有一个好的创业的心态,如果像我一样在这个年纪创业,会经历一个很痛苦的煎熬,因为一般这个年纪在某些方面已经有所成就,很容易用固有的方式去想问题和做事情。所以,创业一开始就要放低心态,放开心灵。从士兵到将军我都做过,我也愿意与从将军到士兵的所有人沟通合作。"

不过,曾旭东表示,刚开始创业的时候他也没把自己的光环褪尽。当时他们租的办公室很大,员工也是从外企引进的,工资待遇好,各方面福利也好,年终晚餐也要好,资金消耗非常快。经过了两年,他和大多数高管都觉得不能这么干,还是要以创业的心态来做事情,所以就缩减各方面的开支。大浪淘沙,有些人选择了离开,留下来的基本就是公司的骨干,而且是对能源互联网非常认真与执着的人了。"我们过去这两年已经不一样了,运营成本要控制,研发要专注到某一个领域而不能太广,公司的文化也已经建立起来了。我的朋友常说我浪费了两年,也许我们走了一点弯路,但如果我们没有经历这些,公司不一定有现在这么好,而且如果没有经历这两年,我们也很难在大方向里面找到一个很好的定位,找到一个很好的切入点,所以两年没浪费,我们是交了学费,经历了一次学习。"

虽然曾旭东是在五十多岁的时候创业,但是他依然非常自信。曾旭东回国后,先是入选了2014年朝阳区"凤凰计划"创业类海外高层次人才,然后又在2015年入选第十一批"海聚工程"创业类人才和第十二批"千人计划"创业人才。"年轻人创业有年轻人的优势,像我们这样的创业者也有我们的优势,当然我们也有劣势,可是我们会紧抓优势,去创造更多的机会。其实有一个关键的地方,就是你必须把过去所有的光环褪去,从零开始,一定要有这个心态,否则成功的概率就会减小,或是遭遇更大的挫折。"

大家都常说不忘初心,创业更需要你回到初心,曾旭东在这一点上为我们做出了很好的榜样。不同阶段人群创业都有不同的优势劣势,找好自己的优势,褪去所有光环,从零开始,然后不断坚持,这样才会在创业的过程中享受创业。

(撰稿:史金明)

窦伯英：廿八征程， 绳系初心

创业者小传：

窦伯英，1963 年 3 月出生。洛阳泰斯特探伤技术有限公司创始人、执行董事；洛阳瑞得思创科技有限公司创始人、执行董事；乳山绿植庄园海洋生物科技有限公司副总；北大河南校友会双创分会副会长。

1988 年进入洛阳市涧西区矿冶机电研究所从事 TST 产品首版原型机 GXT 型钢丝绳检测仪及核心技术的研发、设计工作；多年来获得几十项专利及国家、省、市级科技成果奖。

1994 年起从事电磁无损检测课题研究，在钢丝绳无损探伤领域先后获得河南省科技进步二等奖和洛阳市科技进步二等奖；河南省工业和信息化科技成果二等奖；1995 年由于在钢丝绳无损探伤领域做出重大科技贡献，获得由中华人民共和国国家科学技术委员会颁发的国家发明四等奖；2010 年创立的洛阳泰斯特探伤技术有限公司，专业从事铁磁性金属构件无损探伤技术研究、推广、服务及相关产品研制、开发和制造、销售，是国家重点战略的智能装备新兴产业，河南省、洛阳市工业机器人及智能装备产业联盟重要成员之一。

当窦伯英接受我们的采访时，她刚刚结束在北京大学创业训练营（以下简称"北创营"）阶段创业课程。谦和、沉稳、自信、神采奕奕，这是她给我们的第一印象。在北创营咖啡厅坐定之后，她向我们介绍了自己一路走来长达28年的创业历程，这在中国浩浩荡荡的创业浪潮中显得别具一格。

创业路上的守望者

窦伯英的创业领域是具有家族传承续写的意义，她的父亲是钢丝绳检测技术的创始人，曾任一级部矿研院的副总工程师和副院长。1988年，各种繁杂的研究和实验对日益年迈的父亲来说愈感无力，窦伯英知道父亲平生最大的愿望就是将科研成果和钢丝绳检测技术社会化应用，提高工业生产安全性，挽救更多特殊工种的生命。一向挺拔坚韧的父亲，面对催人老的时间陷入"功未成，人已老"哀叹。窦伯英毅然回到父亲身边擎起父亲志向，并成立了民办研究所，继续研发钢丝绳检测技术，从而揭开了持续28年创业的帷幕。

当时，煤炭矿井的升降机是钢丝绳的主要运用领域，所以主要是用于服务煤炭行业，降低矿井的安全事故。窦伯英带领团队，在1988—1990年将近三年的时间里，完成了样机和产品雏形的研发制造，并于1995年设备始成型。但由于当时经济体制和行业背景的限制，煤炭行业处于亏损状态。同时，检测技术本身还处于不断升级完善的过程，相应的计算机技术也不够成熟。所以钢丝绳检测设备一直没有得到大规模的市场推广，研究所也一度陷入资金短缺困境。2000年，恰逢煤炭行业迎来了十年黄金时期，国家给予各种政策支持，窦伯英充分把握市场机会，适时成立公司。并于2005—2006年，通过煤炭行业标准，准进市场化运作。好事多磨，但由于市场和产品之间有一段时间磨合期，当市场准备接受窦伯英的产品设备时，煤炭产业又一个寒冬到了。就这样，在一个领域里、一项技术上苦心经营了20年，精益求精，坚持不懈，最终却由于形势的急转直下，窦伯英与"技术改变世界，创新引领未来"的梦想擦肩而过。当窦伯英再次谈起这次机遇的错失时，唏嘘之感溢于言表。

古语云："故天将降大任于是人也，必先苦其心志，劳其筋骨，饿其体肤，空乏其身，行拂乱其所为，所以动心忍性，曾益其所不能。"如果仅仅是一次机遇的错失，还不足以彰显窦伯英在这个领域的长途跋涉和锲而不舍精神。2010年，由于技术所有者（包括窦伯英在内的三人）与企业管理者在战略和理念上存在着严重的分歧，终至彼此之间分道扬镳。窦伯英不得不带领着技术团队从企业出走，另起炉灶，而之前已经获得的技术专利则全部留在了原公司。这意味着之前所有的努力和成果几乎都付之东流，窦伯英需要将之前几乎所有的历程重新再走一遍。这个打击对于窦伯英来说是无比沉重的——虽然时隔6年，但当她谈起这次分裂时，痛惜的心情依然不由自主地涌现出来。不过，窦伯英也坦言，现在回头去看，当时的分歧并不存在谁对谁错，仅仅是各自的出发点和角度不同而已。这次分裂带给窦伯英的不光是沉重的打击，也是一次深刻的教训。

"根本问题在于一开始没有立好规矩",她解释道,出于感情和信任她组建了创始团队,但随着企业的发展,有些事情必须依靠制度和规矩加以规范乃至防范。可以说,恰恰是这次深刻的教训,才使窦伯英在企业经营管理方面趋于老练成熟。

凭借对钢丝绳检测技术的坚定信念和卓有成效的管理,窦伯英新成立的公司又展现出欣欣向荣的发展趋势。无论过去的经历多么沉重和不堪,窦伯英一直以不畏艰难险阻的态度积极面对未来。从1988年到今年的2016年,整整28年的时间,窦伯英为这项钢丝绳检测技术所做的付出可谓是呕心沥血。当我们审视她这28年间付出的心血、经历的挫折、面临的挑战时,更加对她在一个领域的坚守深感钦佩。她坚信这项技术为社会所需,她坚守创业者的角色,默默等待着技术改变世界的一天。

创新途中的奋进者

创新,是确保企业不被时代浪潮淹没的唯一秘籍。在回顾自己漫长的创业历程时,窦伯英这样总结道:"技术太超前的公司走的路反而需要自己推动。"

由于技术的独创性,在国内窦伯英并没有可与之匹敌的同行业竞争对手。如果缩小科研开支,就能够大大减少成本,公司所占的市场份额也不会受到太大威胁。窦伯英没有被短期收益诱惑,而是不断进行技术创新,在每年企业的成本比重中,技术研发占比20%。"我们是一家科技驱动发展的企业。"窦伯英略带骄傲地说。只有当技术和产品趋于成熟时，窦伯英才会迈开大规模占据市场的脚步，这是她作为技术创新创业者的自我要求，也是出于对社会的一种责任担当。

从1988年到2016年，钢丝绳检测技术已经发生了翻天覆地的革新，从强磁检测技术到弱磁检测技术，再到尝试结合强磁稳定性与弱磁灵敏性的新探测技术。这一步一步坚实的脚印带领公司走向世界顶尖的技术水平。窦伯英并不因此满足，她紧紧把握时代潮流，看到了互联网在未来世界的重要作用，又创新利用"大数据、物联网"技术建立了远程集控。正是她对技术精益求精的理念，对创新不遗余力的重视，才使中国的钢丝绳检测技术走到了世界的前列。

如果说技术层面的创新是窦伯英作为一个技术工作者的专业素养，那么市场战略的创新显示的则是其作为一个企业家的开阔胸怀。在煤炭行业的寒冬来临之际，她并没有坐以待毙，而是积极拓展新的业务渠道，提升产品的综合竞争力。在煤炭行业内部，她转变市场战略，由原初单纯的"卖产品"转向"卖服务"，因为服务的生产成本更低，附加值更高，同时为矿方减少了负担，对公司和矿方都是双赢。针对矿方流转资金压力大的现状，公司设计、采用了分期付款的模式：之前煤矿购买一套设备需要花费三四十万；现在矿方只需要首付三四十万，可以一次性安装十套设备，然后矿方每年以服务费的方式继续支付剩余费用，公司每年则向矿方出具专业检测报告。这种模式给矿方带来了诸多好处：首先，自动检测设备给矿方节省了检测人员工资费用；其次，专业的检测大大降低了由钢丝绳导致的事故率；再次，钢丝绳的寿命由理论上的时间转变成实际检测到的寿命时间，寿命实际上是延长了的，它避免了将尚处于磨合期的钢丝绳提前换下，为矿方节省了不少的生产成本。由于这种模式带来的双赢成果，窦伯英在煤炭行业的合作正打开一个全新的局面。

除了在煤炭领域创新市场战略之外，窦伯英将技术创新从单一的煤炭行业逐渐推广应用到国防、港口、电梯等其他多元领域。这种领域的扩张并非贸然决定的结果，而是基于坚实的技术基础和窦伯英对市场的灵敏嗅觉。日本在2007—2008年发生了一系列电梯事故，当局政府因此敦促三菱、日立等电梯公司对日本国内电梯进行全面的检查。电梯公司在寻找有效的检查技术时注意到窦伯英当时所在的公司，但是当时公司还在专注煤矿设备的钢丝绳检查，并没有专门针对高层电梯钢丝绳的设备，故而双方最终没能达成合作。窦伯英从这次失败中发现了钢丝绳检测技术在高层电梯方面的可应用性和潜藏商机，于是开始涉足高层电梯的钢丝绳检查领域。正是这种敏锐的洞察力让窦伯英没有拘泥于原有的狭小领域，而是不断突破，抓住商机，将市场逐步扩大到各个领域。

怀着对公司已有技术的自信，窦伯英将视线从国内转向了国外。2016下半年，公司开始向国际市场进军，短短半年多的时间里，就已经在全球发展了南非、澳洲、巴西、新加坡四个代理商。"我们用技术说话"，窦伯英说。她向我们讲述了这样一段经历："巴西的一个港口对我们的产品比较感兴趣，但是他们当时已经采用了俄罗斯一家公司的技术。我们觉得这个机会不能轻易放弃，就立刻在现场给他们展示了我们的技术，整个检测过程让他们叹为观止。这时我们提出，可以用产品置换的方式购买我们的产品，即用已有的俄罗斯公司的产品直接换我们的产品。他们很快就同意了我们的方案。我认为开拓市场是最重要的，此外，了解对手的情况才能做到知己知彼，百战不殆。"正是这种果断和自信让窦伯英顺利打开了国际市场，带领中国技术走向世界。

人生有穷时，创新无止境。窦伯英在创业的征途上已经走过了28个春秋，但她对创新却始终保有源源不断的热情和兴趣，她的一部创业史其实就是一篇创新史。她的创新精神推动着钢丝绳检测技术的不断突破和发展，如今她才可以自信地宣称"我们的技术事实上已经超前了"。

窦伯英的创新精神来源于她对技术重要性的认知和肯定，从她在父亲那里接过钢丝绳检测技术第一棒时起，她就深刻意识到这是一副沉甸甸的担子，但她毫不犹豫地接受了。之后的28年，她用实际行动证明了技术将会带来怎样的社会改变，而社会的发展又将如何推动着技术的创新。

创业征程的先行者

窦伯英在创业领域所具备的丰富的实战经验和深厚的理论素养显而易见，但她仍然保持着不断学习不断进取的态度。在去年北创营第三期开启报名时，她便毫不犹豫地选择加入这个成就创业梦想的平台。在创业大军中摸爬滚打了几十年,窦伯英对创业有着自己独到的见解:"现在不是一个企业单打独斗的时代了,好的项目必须要有好的人脉和资源。"她这样解释自己参加北创营的原因:"在北创营中一方面是为了提升我自己的管理理念和思维模式,另一方面是为了积累人脉,同时了解各个行业的发展前沿。"回首自己28年的创业历程,窦伯英笑谈自己的感想:"创业不能以挣钱为目的,不要把创业当作快速获得资产的渠道。选择创业是一条艰辛的路,要放弃很多。最重要的是要有一颗包容的心,容纳各种各样不同性格的人,学会发现和利用他们的长处,把不同的人才放在最适合他们的位置。在我看来,创业者最关键的素质就是开放的胸怀和学习的能力。"在"大众创新、万众创业"的时代浪潮下,越来越多的青年学生加入到创新创业的大军中来。窦伯英以过来人的身份提出了一些注意:"年轻人有创业热情是好的,但是要冷静看待。创业的历练对一个人的发展是很有利的,但是不要盲目追求这种体验。首先要想想自己的性格和条件是否适合创业。另外要摆正心态,在公司里工作,好好修炼,也是一种'创业'。从我个人角度来说,我更支持大学生毕业后先工作几年,在积累一定的经验和资金之后再出来创业。"在窦伯英看来,创业不是一蹴而就的,它需要长期的准备,对一个人的考验也较其他职业更为全面,所以对于创业的高风险,创业者必须给予客观的对待,而不能凭借一厢情愿将之忽视。而且,在创业路上会遇到许许多多的困难和挑战,一旦选择了创业就必须要有这样的心理准备,并以坚持不懈的毅力迎难而上。

这28年的创业之路坎坷而漫长,在磨砺窦伯英身心的同时也将她的眼光打磨地更加锐利。现在公司的前景愈加光明，似乎已经到了苦尽甘来、可以稍微放松的时候。但对窦伯英来说，这还远远不够，她对公司有着一个明确的定位和前景规划。"一个企业的发展有四个阶段，第一个阶段是工匠型，这时的企业的核心是'制造'而非'质造'；第二个阶段是品牌型，企业已经拥有了核心竞争力，建立起自己的品牌；第三个阶段是平台型，企业可以创造行业的共享和交流平台，推动整个行业的发展；第四个阶段是推动生态圈阶段，顾名思义，这时的企业已经能够带动整个相关行业的生态发展了。"窦伯英指出，泰斯特现在正处于由第二阶段向第三阶段的转型期，他们现在想做的是通过云计算进行数据库的积累，后期能够给整个钢丝绳行业提供参照。通过云计算和云储存钢丝绳的数据分析，可以分析钢丝绳的选型、制造工艺、质量等，从而能够判断国内哪个品牌的钢丝绳质量最好，怎样的钢丝绳制造工艺最好，来带动钢丝绳行业的发展。这也是窦伯英对公司发展的构想。

　　三十功名尘与土，八千里路云和月。创业又何尝不是一段征程呢？听着窦伯英云淡风轻地讲述这一路来的坎坷与收获，好似一名老将在细数自己的伤疤与勋章，这背后有着多少的汗与泪我们不得而知。

　　28年的创业历程恍若隔世，而今梦想越做越大，越做越真，却也意味着另一段新征程的开始："每个阶段都有它需要面对的挑战、需要考虑的问题。"显然，窦伯英从一开始选择创业时就没有想过停歇和放弃，她一直以守望者、奋进者、先行者的姿态屹立于时代的浪潮。

"不忘初心，方得始终。"——创业，从来都是勇敢者的游戏，唯有广阔的胸怀和坚定的内心才能抵挡住时代的巨浪和外界的风雨，窦伯英一直坚持着自己的初心。

（撰稿：钟治民　李雅洁）

刘昊扬：颠覆与引领新时期的中国智造者

创业者小传：

刘昊扬，出生于 1975 年 10 月 19 日。1993 年进入同济大学结构工程专业学习，1997 年获得结构工程学士学位、1999 年获得结构工程硕士学位。同年考入约翰·霍普金斯大学，2003 年毕业时已获得土木工程和计算机工程硕士学位，以及土木工程专业博士学位。现任北京诺亦腾科技有限公司联合创始人兼 CEO、国家及北京市特聘专家、政协北京市西城区委员会常务委员、北京市侨联委员、北京大学创业训练营全国班一期营员、2015 年第十一批国家"千人计划"专家、2017 中国侨联新侨创新创业杰出人才（侨创二十人）、2016 年度中关村高端领军人才、2016 年中关村十大海归新星、2014 年中国侨界贡献奖。

北京诺亦腾科技有限公司总部位于北京市西城区新街口外大街 28 号 A 座 5 层并在美国、上海、三亚等多地设有子公司。诺亦腾在动作捕捉与虚拟现实行业内创造了一系列世界纪录，是国际公认的行业技术领军企业，参与多项国际、国内行业标准的起草。

感谢金融危机

当我们在诺亦腾位于新街口外中关村科技园西城园的办公室见到创始人刘昊扬时,他看起来非常年轻、纯粹。作为一名70后,他的经历也非常符合那个年代学霸的轨迹:18岁考入同济大学建筑工程专业,后保送本校研究生,提前毕业后远赴美国深造,研习流体固体耦合技术,并涉猎力学、数学、计算机等领域,获得博士学位和多个硕士学位,毕业后留美工作,从事桥梁建筑安全监测的工作。这项工作所倚靠的核心技术就是一枚枚集合了人类智慧的传感器,而这个传感器又改变了刘昊扬后来的人生轨迹,契机是2008年美国爆发的金融危机。

2008年美国的金融危机极大地影响了美国的建筑业,业务量下滑让包括刘昊扬在内的很多留美人士面临新的选择:在美国捱下去,或者回国寻找新的机会。当时国内的创业浪潮已经开始涌动,而刘昊扬所在的技术领域在国内还是比较新的,非常有前景并且竞争者少,面对新一波技术变革的开端,刘昊扬选择了回国发展。所以说有一些看起来并不美好的开端却反而会达成一个意想不到的美好结果。现在回头去看,如果没有那一次金融危机,昊扬也许还在美国从事着桥梁检测的工作,但现在,他已经成为世界最大的动作捕捉系统提供商诺亦腾的创始人。

不仅要颠覆,还要引领

谈及公司的命名,刘昊扬表示,诺亦腾的英文名字"Noitom"是运动的英文单词"Motion"的倒序拼写,寓意诺亦腾决心"颠覆"运动捕捉行业格局的信念。早期的动作捕捉技术由于其昂贵和复杂的应用,主要应用于影视行业,应用领域十分狭窄,在很多人看来还未真正形成一个行业,而刘昊扬想做的就是创造一个基于动作捕捉应用的行业。

"回国后,一开始也是各种尝试,做过建筑业,想移植美国的经验,但是没有成功,因为国内的建筑行业业态与美国完全不同。后来遇到戴若犁博士,我们聊得非常投缘。我以前研究力学,研究各种传感器,看到随着智能手机的普及，传感器越来越小、越来越便宜，就相信可穿戴硬件设备一定是未来的一个发展方向。2009年的时候，我就把事业重心转移到虚拟现实与可穿戴设备领域，因为这个行业的核心技术也是传感器。但当时整个社会的认知程度还没有跟上来，我们推出了很多新产品，却没有流行起来。很多人迷信美国，说美国都没有流行中国怎么可以？直到2013年美国流行起了虚拟现实可穿戴设备，国内对这一领域开始重视了，很多投资人还埋怨我不早点跟他们说。"

一个技术浪潮的早期任务是积累核心技术，然后通过技术创新、技术升级、模式创新来慢慢发展。中国之前还从来没有一个科技企业在一个新的浪潮来临时就占据一个潮头的位置。但这回诺亦腾做到了。动作捕捉设备的核心是传感器，是力学问题，刘昊扬是学力学出身，软件、硬件、算法都能做，于是他决定尝试一下。"（动作捕捉）这个圈子不大，而且能够更好地发挥我的特长，我感觉我们能做到最好。"刘昊扬信心满满地说。

"2012年年底，诺亦腾的动作捕捉设备的技术准备做得差不多了，2013年推出了世界上第一套全无线动作捕捉系统，就是每个传感器都不用数据线与计算机连接，这样活动自由度就更大，可以做户外的动作捕捉。"

传统的光学式动作捕捉系原理是捕捉人身上的反光点，一般需要在专用的工作室内进行，需要数十台摄像机，每一个反光点在每个摄像机的位置都不同，因此就要对每一个摄像机的参数进行修正，这就需要四五个小时。此外，发光贴片都是绑定在演员的外表皮肤衣上，可以记录大的形体动作，但是比如手部这种小骨骼就捕捉不到，因为手指动作会相互遮挡，影响捕捉，后期仍需人工补充数据，即便是大的形体动作也难免会有遮挡，从而导致采集的数据出现丢帧的情况。而诺亦腾的设备是基于传感器的惯性动作捕捉系统，通过把微型穿戴式传感器穿在人体身上，利用传感器采集的组合形成人的运动数据，然后使用无线技术输送到电脑上，由诺亦腾自有的算法与软件恢复出传感器穿戴者的连续人体动作，形成数字模型。与传统技术相比，诺亦腾的设备使用简便，不受场景遮挡及光源条件限制，可以在任何场合使用，而且最远距离能达到 150 米左右。而且不同于传统光学动作捕捉设备动辄数百万的昂贵价格，诺亦腾的价格也较低，这就为动作捕捉技术的推广创造良好条件。

"到了 2014 年，智能可穿戴设备就开始火了，虚拟现实（VR）也逐渐被人所熟知，我们推广产品的时机成熟了。其实把一个好的技术要能让大多数人使用才有意义，否则一套设备大几百万，普及率很低，人们都用不上，再好的技术也没有用。想让一个新的技术，替代传统技术，就一定要降低价格，让大家觉得尝试新技术的成本比较低。2014 年我们进一步推出了世界上第一套可以捕捉身体和手指的动作捕捉系统，卖多少钱呢，只卖一万元人民币，当时就引起了轰动。这样市面上就突然对低价、好用的虚拟现实动作捕捉设备产生了需求，而且还是非常大的需求，于是我们很快就成为世界范围内虚拟现实领域的市场占有率第一名，甚至在国外的知名度要远远大于国内。"

产品在最开始推广的时候并没有后来刘昊扬说的那样

轻松。当时诺亦腾在海外的一个众筹网站上开启了一项众筹，目的也并不是挣钱，主要是为了宣传，让大家知道这个中国团队做了一个什么样的东西，但很长时间都没有引起人们的关注，而且国外对中国制造还有各种各样的误解，认为中国的团队不会做出太像样的产品，山寨与廉价的标签一时还难以摘下。但就像我们常说的，努力就会有回报，金子总会发光，诺亦腾的产品逐渐受到人们的关注，最后筹集了60万美金，这是当时中国项目在美国众筹的第一名。2013年美国CNN制作的全球制造行业竞争力调查系列专题，也将诺亦腾确定为中国地区唯一的采访对象，认为他们体现了"中国创造"的精神。

　　虚拟现实是一种新的交互、显示、体验方式。我们在虚拟的世界中是看不到自己的，看不到自己在虚拟世界中与周边的互动，要想让自己与虚拟的世界互动起来，就需要把自己投影进去，这样动作捕捉就成了虚拟现实领域一个非常重要的交互办法和途径。动作捕捉设备可以运用于三维动漫及影视制作、体验式游戏、体育锻炼、医疗康复、机器人等众多领域，技术小众，但应用领域非常广泛。

　　"当时也不知道谁会买我们的产品，所以我们对外宣传我们的产品是提供给开发者的一个工具、一个平台，有想法的人把我们的设备拿去，可以做自己的创意。于是我们就收到了很多奇奇怪怪的需求，有骑行的、跑步的、钓鱼的、骑马的、射箭的、弹琴的等。所以在进入动漫影视行业之前，我们做的第一个产品其实是一个高尔夫的产品，我们把传感器放在高尔夫球杆上，可以告诉你你挥杆的时候角度是多少，速度是多少，节奏是什么样的。可以说，它能够发挥的作用只会被我们自己的想象力所限制。"

找投资人就像谈恋爱

关于最近广东奥飞动漫文化股份有限公司领投的两千多万美金 B 轮融资，刘昊扬表示，找投资人就像谈恋爱，一定要双方看对眼，互相适合，各取所需。诺亦腾现在做的决策都是战略驱动型，所以选择投资人的标准就是要找战略协同方，双方能够互相给予帮助。上市公司奥飞动漫是一家文化类企业，旗下有非常多的动漫资源需要开发成动画片，而提高动画制作效率的关键因素就是通过动作捕捉来制作角色动画。对诺亦腾来说，奥飞动漫想要做的大文化、全产业生态链，可以给诺亦腾带来非常多的机会，也符合刘昊扬的理念。"我们有好的技术，需要实践；他们有很多资源，需要开发，所以我们一拍即合，因为我们都想做同样的事情，成为一家人做的话更方便。"

关于资本寒冬，刘昊扬并不认同这一说法。他认为市场上能拿到钱的人永远都是少数，只能说之前存在资本过热，投资人不理性，很多不该拿到钱的人都拿到了，而现在这个状态只是回归到正常的状态。"去年一些资本方投了智能硬件的很多早期项目，带动很多团队扎堆去做智能硬件，但是技术储备不是一蹴而就的，市场容量也是有限的，分析一下就知道这些项目大多数是活不下去的，所以到了今年很大一批都死掉了。投资人不是万能的，都有局限性，吃亏吃多了，头脑就清醒了，所以投资人会越来越谨慎，创业者也越来越难拿到钱。"

虚拟现实领域是我们业务未来的重点

在这一轮智能可穿戴设备的技术浪潮中,诺亦腾冲在了浪尖,为了保持优势,他必须走得更快、更远。面对未来如何走,刘昊扬谈了自己的看法:"我们下一步的计划是,选择容量比较大的市场快速进入,对不同领域开发针对性的产品,占领细分市场,谋求更高的市场占有率,培养我们自己的用户。中长期来说,虚拟现实领域还是我们的重点,这个领域还处在发展的早期,还有很大的发展空间。技术可以改变人们的生活,虚拟现实给大家展示了一个更美好的世界,可以低成本地体验现实中难以到达的情境。"

在采访结束的时候,我们提到了刘昊扬与北创营的情缘,他说他与北创营的情缘很深,很喜欢这个平台。"一个平台好不好主要是看他聚合来的人,当里边有很多好企业,那么更多的好企业就会聚集过来。北创营的一个特点就是跨界,里边什么企业都有,来自各行各业,让你很开眼界,能够交叉融合各种思想,特别是我又是一个交叉学科背景的人,非常喜欢这种思维和氛围,可以给我很多新的启发。"在问到北创营有没有带来什么实质性的帮助时,刘昊扬不假思索地说:"当然有啊,非常实质。我们现在的工厂空间就是我北创营一期班的同学提供给我的,当时李晨阳听说我在找厂房,就说他亦庄的场地还空着一层,我就过去了。"听到这个回答,大家都会心地笑了。

创业感言

  科技有无限可能,对技术的完善,对性能的追求都是永无止境的。要保持领先,就要有不进则退的意识,发展并巩固技术优势。诺亦腾的愿景,是重塑动作捕捉行业格局,我们希望让梦想扬帆,承载一代中国企业的责任——将"中国制造"扎扎实实地改变为"中国创造"。

(撰稿:史金明)

罗晓东：捕捉红海中的蓝

创业者小传：

罗晓东，出生于1983年7月3日，2007年毕业于澳洲国立大学本科，每日美妆CEO，2007—2008年就职于澳洲NCM集团（现代、suzuki、起亚、三菱等品牌澳洲总代），任销售总监；2009年就职于澳门万国集团担任总裁助理；2010年创立众包型网站；2012年—2013年通过淘宝进入化妆品电商领域，当年销售突破300万；2014年创立每日美妆；北京大学创业训练营横琴一期学员。

每日美妆是一家垂直于高校3000万女大学生的平台，公司以"让中国没有丑女孩"为使命，通过新零售的模式打造高校美业的生态链。2017年，每日美妆上榜"亿欧智库2017年中国新零售百强企业"。

与罗晓东会面是在他位于深圳创业园区的办公室。园区的创业氛围浓厚，访谈时适逢周末，但每日美妆的员工还在辛勤地加班。

罗晓东祖籍东北，说话间自有一股东北人的爽朗。同时多年留学的经历也让他显得更加独立，有超越年龄的沉稳和成熟。

对于创业选择，他很清楚地意识到化妆品、美妆本身是红得不能再红的红海。但另一方面，面向高校女生群体的美妆市场却是一片少有人做深做透的蓝海市场。正是凭借对目标消费群体的深入理解和对"线下＋线上"商业模式的道路自信，罗晓东一手建立了这个名为每日美妆的创业企业。

万红丛中一点蓝：捕捉美妆红海中的蓝海高校市场

用时兴的话语体系来讲，罗晓东是一个连续创业者。在每日美妆之前，他有过两次不算成功的创业经历。

做市场营销出身的罗晓东第一次创业是建立了一个T恤生产与销售的电商平台。平台一端连接设计师，设计师可以上传他们的设计作品作为T恤的备选图案；另一端连接消费者，他们为设计师的作品打分。而罗晓东的这个平台的使命是根据消费者的打分选出最受消费者欢迎的T恤产品然后进行生产销售。这种模式在国外有过成功经验，但在国内的这次尝试并没有取得成功。罗晓东回头总结说："这个平台之所以失败，一方面是链条太长了；另一方面消费者的喜好与实际购买意愿及购买行为还是两回事。喜欢不一定意味着就会产生购买行为。所以没做多久就倒掉了。"

第一次创业以后，罗晓东还有过同样不算成功的第二次创业经验。在这两次创业经历之后，他开始沉下心来思考到底什么是用户、什么是产品、什么是商业模式，为第三次东山再起做准备。

当时罗晓东考虑过三个目标群体：老人、女性和小朋友。对他来说，老人太沉重，很多需求跟生死挂钩，罗晓东不想触碰。小朋友的需求特殊，没养过孩子的他自问不能把握住，也不敢触碰。相比而言，罗晓东对女性群体尚有理解和洞察，因此最终选择了女性作为目标群体。选定以后罗晓东就开始静下心来研究女性的生活形态和产品需求，看到化妆品的时候他就"疯了"，他这才意识到原来女生需要这么多的东西来打理自己——洗面奶、隔离霜、BB霜、眼线、口红等，不一而足。罗晓东决定从美妆产品做起。

一开始罗晓东团队依托于淘宝平台做美妆生意。当时还没有跨境电商的概念，罗晓东凭借着商业直觉从香港、海外进货然后通过淘宝平台售出，一年下来竟然做得非常不错，受邀到杭州参加阿里巴巴发起的淘宝网重点大商家的会议。不参加还不要紧，参加完淘宝大商家会议归来的罗晓东突然意识到，基于淘宝平台做得再大，自己也只是一个"倒爷"，离开淘宝网的资源自己一无所有。这种感觉让他很不痛快。

此外，一个重要的契机是，中国互联网发展阶段的"流量红利"逐渐消失。电商的本质，在罗晓东看来，就是花钱买流量。而电商的流量从一开始的平均几十块钱获取一个用户渐渐上涨到平均几百块钱获取一个客户，获客成本急剧上升。

基于上述两点考虑，罗晓东开始停掉淘宝上的美妆生意，四处考察寻求新的商业机会。"逛了一圈"回来以后，罗晓东突然意识到面向高校女生的美妆产品平台是一个巨大的商业机会。虽然美妆产品本身在竞争、比价等各方面看来都是一个"红得不能再红"的红海，但罗晓东意识到：高校女生的美妆市场，却是一片蓝海，没有一个渠道真正在这片处女地里做深做透。

之所以这么说，罗晓东总结了三个主要原因。第一，高校女生市场有足够的市场规模但没有充分的竞争。全国四千多所高校，两千多万高校女生群体，但这个市场中还没有独角兽出现。第二，高校女生的购买需求和购买行为有着很高的同质性，有着很明确的标签。虽然不同高校有不同的购买能力，但是在商业氛围、购买习惯等方面有着高度的相似性，对于创业团队来说能够极大地节省研究消费者和制定差异化策略的成本。第三，相比CBD针对白领女性群体的实体店而言，高校的店铺成本会低廉许多。市场大、效率高、成本低、没有竞争，罗晓东直到今天回想起来都兴奋不已，"像是挖到了金矿"。思考清楚以后罗晓东很快投入行动，拉着一些同学、朋友作为合伙人一起建立了每日美妆。

每日美妆：服务高校女生群体的"体验＋消费"闭环平台

每日美妆是专门针对高校女生群体的美妆服务、体验与消费平台。与市面上其他美妆品牌和电子商务网站相比，每日美妆有着三个显著的特点：第一，每日美妆在大学校园中有专门的线下实体店。最初位于珠海市的两家实体店属于每日美妆直营，带有很强烈的实验性质；而在未来规模化发展的道路上，每日美妆要推广的是加盟店模式，邀请在全国各地有高校铺位资源、有资金的合作伙伴加入。两种店铺形态都有一个共同的特点，就是线下是体验和服务中心，也是提货点，但所有的交易行为都不是通过现金而是通过生成付款二维码网上交易的形式。第二，每日美妆拥有直接连接海外厂商的自主供应链网络。每日美妆主打跨境美妆产品销售，特别是日本美妆产品的销售。与其他竞争品牌主要采用"买手制"在目标国家的公开市场求购产品的模式不同，每日美妆在海外特别是日本与厂家直接形成合作关系，从而建立有自主权、稳定的供应链网络。第三，每日美妆的目标群体清晰地划定为高校女生群体。市场上同类美妆产品销售平台往往以都市白领女性为目标群体，或者没有明确的目标群体划分。每日美妆有所不同，其目标群体很清晰地定义为高校女生群体，满足她们的美妆产品需求。这三点差异化竞争优势的选定与确立，是罗晓东深思熟虑的结果。

在罗晓东的概念中，线下渠道在美妆产品的销售中必不可少，因为它能够提供线上产品永远不可能提供的服务和体验。以美妆产品为例，在网上看模特看照片再怎么好，消费者总会在心里给产品的实际效果打个问号。此外，美妆产品的真假永远是消费者关心、商家不能回避的问题，线下实体店铺对于海淘消费者而言意味着责任、安全和信任，万一遇到假货至少有地方可以说理。再次，女性的消费往往具有冲动性和随意性的特征，在美妆产品上表现得尤为明显。罗晓东举例说，对于女生而言，经常是一盒面膜还剩三分之二，听说另一个品牌的面膜好用时又会毫不犹豫地去购买另一品牌的面膜。更不用说女生经常会用购物的方式来缓解压力、舒缓心情。而只有线下实体店才能满足他们的这一需求。正是基于这些考虑，罗晓东最开始在珠海市两家高校校园中建立了线下实体店进行试验。门店的橱窗很宽大但门很小，内里也尽量装饰成没有距离感的梳妆台模样，让消费者往往来了不想走。顾客可以在实体店里看到最新爆款产品的陈列并且可以进行试用，也可以在店内完成购买。但特殊并且有意思的一点是，顾客不能用现金进行交易——当他们挑选好产品放到购物车内以后，服务人员会帮助顾客生成付款二维码完成支付。支付的背后实质上连接的是每日美妆线上平台的下单购物，然后送货至购买行为所发生的实体店。但通常店铺内会备有存货，所以实际操作中顾客往往可以实时带走货物，当新的货品到达门店时门店再用作存货进行替换，从而实现实时试用、体验、实时购买的闭环。

之所以选择加盟店而不是全部直营的模式来做，罗晓东坦承一方面是为了实现资本效率的最大化，借助加盟商合作伙伴的资本和力量来实现迅速扩张；另一方面也是由于高校铺位是一个相对特殊的资源类型，加盟模式在这一点上有其特殊优势。罗晓东介绍说目前开一家每日美妆加盟店的成本大约在三四十万人民币，最主要是店铺、货架、底货、人工等硬性支出，每日美妆并不收取加盟费。非但不收取加盟费，每日美妆还把绝大多数的产品利润让给加盟商，同时帮助加盟商精益运营。三四十万的加盟成本对于许多家庭来说都是可承受的一笔支出，作为投资而言比银行利息收益更高，比股市更加安全。尤其适合有家庭原因不适合高强度工作的家庭。因此罗晓东一点都不担心未来加盟的问题。

直接连接生产厂家的自主供应链网络是罗晓东另一个引以为傲的竞争优势。直接与生产厂家建立供应关系，意味着更加稳定、及时的供货，以及更加低廉的进货成本。每日美妆的产品类别中，日本、韩国、台湾的美妆产品都很齐全，但最主打的仍然是日本美妆产品。做出这个决定的原因，在于日本企业家对于未来的长期发展更加看重，这与罗晓东的经营理念不谋而合。着眼长远意味着生产厂家不会过度强调短期业绩，短期内推出过多的SKU，一方面透支品牌，另一方面增加销售平台的库存，最终甚至导致平台资金链断裂。为了说服固执的日本人，罗晓东也需要花许多功夫，正因如此，他选择在日本建立店铺和商社，用当地人的思维与当地人打交道，表明每日美妆着眼长远的决心。

选择高校女生群体作为目标消费群体，除了上文已述的原因以外，也因为她们背后所站立的更多的用户群体。

每日美妆运营到今天，经常会寄出一些商品到新疆、内蒙之类的"八竿子打不着"的地点。一开始罗晓东和他的团队也很纳闷，为什么这些没有实体店的地点会购买每日美妆的产品。后来跟顾客交流之后才理解到，这些情况往往是实体店所在学校的顾客的同学或是亲人受推荐之后的购买。

建立不足四年，每日美妆已经获得了初步的成功——截至目前，每日美妆已经在全国范围内开设了15家高校实体店，线上活跃用户达到2万人，累计交易金额达到2千万元。

孤独与狼性：与时间赛跑，与团队坦诚相对

罗晓东自我评价是对自己狠、有狼性的人。正因如此，在海外留学的九年时间中，他从未回国。现在回国创业，虽然已经结婚，但和太太长期两地分居。罗晓东一个人在深圳的生活状态基本上是"办公室、住宅两点一线，没有任何课余活动，没有任何个人爱好"。对于罗晓东而言，创业就好比是上战场，总不能拖家带口。

家庭与事业如何平衡总是一个相对沉重的话题。对此罗晓东的回答是创业过程中确实很难兼顾到家庭，尤其是创业头几年。创业者能够做的，就是与时间赛跑——例如把原本需要五年的积累期缩短到三年。

与时间赛跑当然也不是一味追求速度而忽略其他。创业心态越是成熟，罗晓东越是深刻地理解这一点。他比喻说，创业好比修大楼，如果一味求快，可能目标就只会定

为 8 层楼，打地基和修建房屋的时间当然缩短了，但是天花板很容易到来。而另一种心态则是目标定得更加高远，修建 40~50 层楼，当然会花更长的时间去打地基，但是未来的高度也不是前者能够比拟。

而每日美妆之所以在与时间赛跑的过程中还能慢下来，还要得益于北大创业营的机缘。参加创业营时，每日美妆正在募集天使轮融资。在了解了每日美妆的情况以后，创业营理事长孙陶然导师建议罗晓东降低估值，引入更多的投资者竞争，减少资本对企业的束缚。前思后想以后，罗晓东决定接受孙陶然的建议，降低了 1/3 的估值，潜在投资者从两家增加到了五家。正是因为有了潜在投资者的竞争，罗晓东得以去除掉投资协议中所有对企业发展不利、与他的发展目标不相符合的条款。正因此，每日美妆才能够按照自己的节奏去发展，而不是按照资本的推动去飞速扩张。

在创业过程中，他也无比切身地感受到团队的重要性。特别是，当最初一起参与创建每日美妆的合伙人由于在成绩面前没法达成很好的利益分配方案而纷纷退出以后，罗晓东更加在意合伙人和团队是否真的有"创业的心"。今天每日美妆的合伙人往往都是在大企业担任过重要职务的行业老兵或者技术大拿。罗晓东在与他们最初交谈的时候十分注重坦诚，将企业好的一面、坏的一面都在加入以前最初交流的时候谈清楚，从而甄别出哪些是真正有着共同事业追求的合伙人，哪些只是单纯为钱而来。员工也一样。他们工作时间通常很长，每周只休息周日一天，收入上来说也不如市场上一些其他企业有竞争力。罗晓东用于挽留他们的策略只有很简单的一项——还是坦诚相对，坦诚地与员工沟通公司目前所处的发展阶段，让他们明确在多长的时间里他们会是目前的状态，多久以后能够过上更好的生活。

在罗晓东看来，对投资人也需要坦诚。在每日美妆天使轮融资的时候，曾经有一家投资机构找到罗晓东邀请一起喝个咖啡聊一聊项目的情况。没想到聊得非常投缘，当时投资者就拿出合同邀请罗晓东签字，签完字资金就能到位。但彼时跨境电商的法律地位并没有完全明确，多少还有一点灰色地带的意思，罗晓东总觉得"不踏实"所以婉拒了投资者的好意，也很坦诚地分享了自己的顾虑。没想到这家投资机构也很执着，接下来的几个月一直在追逐罗晓东和每日美妆。正好国家也出台了关于跨境电商的政策文件，罗晓东在咨询了专业的审计公司以后终于确信跨境电商的商业模式在未来任何并购重组中都不会面临法律风险，才终于接受了这份投资邀约。

对于未来的创业者，罗晓东有千言万语想要分享，最后总结成三点。第一是创业者的情商非常重要，尤其是在逆境、困境当中如何平衡多方关系渡过难关。第二是格局，不能只着眼于眼前得失。第三最重要的是情怀，创业尤其头几年是非常辛苦劳累的，没有情怀、只为了金钱很难熬得下去。

（撰稿：樊桔贝）

后记

"大众创业、万众创新"是我国全面实施创新驱动发展战略的重要载体,是培育壮大新动能、促进我国经济迈向中高端水平的强劲支撑。创新创业不仅让新产业、新模式、新业态得到了迅速发展,也使很多传统行业重新焕发活力。李克强总理在视察中关村创业大街时特别强调:"推动大众创业、万众创新是激发亿万群众智慧和创造力的重大改革举措,是实现国家强盛、人民富裕的重要途径,要坚决消除各种束缚和桎梏,让创业创新成为时代潮流,汇聚经济社会发展的强大新动能。"

鲁迅先生曾言:"北大是常维新的、改进的运动的先锋。"作为中国第一所国立综合性大学,历史上的北大曾是新文化运动的中心、五四运动的策源地,也是中国最早传播马克思主义和民主科学思想的发祥地,是现当代中国学术繁荣和思想解放的重要阵地。今天的北大仍始终不渝地坚持改革创新、与时俱进的精神传统,为知识创新和社会进步发挥重要的推动作用。2012年,北京大学整合全校力量,启动了"北京大学创新创业扶持计划",从创新创业教育、研究和创业实践三个方面推进北大双创工作,并取得了一系列成果。其中,由北大校友会发起的"北京大学创业训练营"作为"扶持计划"的核心组成部分,充分利用北大的教育资源、科研资源和校友资源,以理论结合实际的课程培训体系为依托，以企业导师计划及创业服务联盟为特色，综合帮扶青年创新创业，现已成为国内最有影响力的公益创业教育与服务品牌，得到了国家各级领导与社会各界的关怀与高度肯定。在创业路上，北大始终与创业者同行。

本着"开放、共享"的理念，使有限的创业教育资源惠及更多的创业青年，北大策划了一系列创业相关图书，并于2016年出版了第一本创业教材——《北大15堂创业课》，在创业圈中引起了巨大的反响。今天，我们的第二本《创业路上，遇见最好的自己：北大创业案例集》呈现给读者。本书收录了19位创业者的创业故事，他们之中有青年大学生投身创业实践，也有高层次人才回国创业；有高新技术科研转化，也有传统行业改造升级；有为传承和发扬甘于实践的志者，也有推陈出新颠覆式创新的勇者；有一路凯歌激流勇进的幸运儿，也有多次创业越挫越勇的创业老将……故事中处处闪耀着他们在创业路上可圈可点的人格魅力，记录了他们从满怀理想，到前途未卜，再到看见光明的心路历程。他们的故事让我们通过这朴实的文字深刻地认识了这群执着在创业路上的"最可爱的人"。

习近平总书记在给第三届中国"互联网＋"大学生创新创业大赛"青年红色筑梦之旅"的大学生的回信中提出："希望你们扎根中国大地了解国情民情，在创新创业中增长智慧才干，在艰苦奋斗中锤炼意志品质，在亿万人民为实现中国梦而进行的伟大奋斗中实现人生价值，用青春书写无愧于时代、无愧于历史的华彩篇章。"这不仅是总书记对青年创客的寄语，更是我们国家对这一代青年人的殷切期许。

  北京大学致力于打造一所没有围墙的创业大学，愿意为有志于创新创业的青年提供力所能及的帮助。希望本书的出版能够对正在创业或有创业想法的读者有所助益，不仅能读到跌宕起伏的创业故事，更能收获"他山之攻错"。虽然成功不能复制，但是失败的陷阱往往都有重叠。只有站在巨人的肩膀上才会看得更远。

李宇宁　任羽中
2017 年 8 月 18 日